DANS LA SÉRIE "ANTHOLOGIES PERSONNELLES"

1989
Edouard J. Maunick
Frédéric Jacques Temple

1990
Tadeusz Różewicz

1991
Hubert Nyssen

1992
Yehuda Amichaï

1993
René Depestre

1994
Aco Šopov
Arnaldo Calveyra
Nikolaï Kantchev

1997
V. Khoury-Ghata
Jean Joubert

ANTHOLOGIE PERSONNELLE

DU MÊME AUTEUR

L'ACCOMPAGNATRICE, 1985.
LE LAQUAIS ET LA PUTAIN, 1986.
ASTACHEV A PARIS, 1988.
LE ROSEAU RÉVOLTÉ, 1988.
LA RÉSURRECTION DE MOZART, 1989.
LE MAL NOIR, 1989.
DE CAPE ET DE LARMES, 1990.
A LA MÉMOIRE DE SCHLIEMANN, 1991.
ROQUENVAL, 1991.
CHRONIQUES DE BILLANCOURT, 1992.
OÙ IL N'EST PAS QUESTION D'AMOUR, 1993.
LA SOUVERAINE, 1994.
LES DAMES DE SAINT-PÉTERSBOURG, 1995.
ZOÏA ANDRÉEVNA, 1995.
LE LIVRE DU BONHEUR, 1996.

TCHAÏKOVSKI, 1987.
HISTOIRE DE LA BARONNE BOUDBERG, 1988.
C'EST MOI QUI SOULIGNE, 1989.
BORODINE, 1989.
L'AFFAIRE KRAVTCHENKO, 1990.
LES FRANCS-MAÇONS RUSSES DU XXe SIÈCLE, 1990 (coédition Noir sur Blanc).
ALEXANDRE BLOK ET SON TEMPS, 1991.
NABOKOV ET SA LOLITA, 1996.

Toute l'œuvre de Nina Berberova est publiée chez Actes Sud.

L'éditeur remercie Cécile Térouanne, Tatiana Margolina
et Victor Bol pour leur aide et leurs conseils.

Titre original :
Stikhi

ISBN 2-7427-1646-7

Photographie de couverture :
Archives Berberova
(D.R.)

Nina Berberova

ANTHOLOGIE PERSONNELLE

(1921-1983)

Version française d'Hubert Nyssen
d'après une traduction du russe
par Alexandra Pletnioff-Boutin

ACTES SUD
HUBERT NYSSEN ÉDITEUR

INTRODUCTION A LA POÉSIE

Pour une édition russe, parue aux Etats-Unis en 1984, Nina Berberova avait sélectionné une centaine de poèmes parmi ceux qu'elle avait écrits entre 1921 et 1983. Après quoi, à l'en croire, elle avait sans remords détruit tous les autres, ce que le dépouillement de ses archives paraît confirmer. C'est la même et sévère sélection qu'avant sa mort elle retint pour la composition de la présente "anthologie personnelle" dont le projet lui était soumis. Et en guise de préface, elle suggéra de rassembler des extraits de son autobiographie, C'est moi qui souligne*, *extraits qu'elle désigna comme "souvenirs en poésie". Ces fragments, on les retrouvera donc ici rassemblés, qui font voir une jeune fille véritablement propulsée dans la vie par la poésie, et par elle animée d'une force qui la rendrait capable d'affronter son terrible destin. Mais on ne manquera pas d'observer que ces souvenirs s'interrompent en 1922 – l'année où Nina Berberova rencontre Vladislav Khodassevitch et avec lui quitte la Russie –, alors même que les poèmes survivants, à l'exception des cinq premiers, sont tous postérieurs à cette date. Comme s'il était un temps pour parler de la poésie, et un autre pour s'y enfermer, s'y réfugier ou lui confier la parole qui n'a pas d'asile ailleurs. (L'éditeur.)*

J'avais dix ans quand m'est venue l'idée bizarre qu'il me fallait au plus vite choisir une profession. (...) C'est ainsi que j'ai noté sur une feuille de papier une longue liste des métiers possibles, sans prendre en considération que j'étais une fille et que les professions de pompier ou de postier auraient dû normalement être exclues. Parmi une quarantaine de métiers figurait aussi celui de poète que j'avais placé entre ceux de

* Actes Sud, 1989 ; Babel n° 22, 1990 ; Thesaurus, 1998 ; traduction d'Anne et René Misslin.

pompier et de postier. Je ne respectais pas en effet un ordre alphabétique rigoureux. Je n'avais pas encore une image très nette de cet endroit embarrassant de l'alphabet russe où le *yat* joue à cache-cache avec le signe dur, le signe mou, le *you* et le *ya*. Bouillonnante d'impatience, je contemplais ma liste, comme si je me trouvais devant un comptoir chargé de denrées : le monde s'ouvrait à moi, il suffisait d'y entrer. Les trésors s'étalaient pêle-mêle. Sers-toi, c'est gratuit ! Tout est à toi ! Attrape ce que tu peux ! Le monde était là, comme un magasin grand ouvert, et je me mis à escalader les étagères et les caisses.

Après de longues réflexions dans la solitude et le secret le plus complet, je pris enfin ma décision. Aussitôt je fus comme étouffée par un flot de poésies. J'en écrivais sans arrêt, deux ou trois par jour, je me les récitais à moi-même, à Dacha, à la Fräulein, à mes parents, à nos amis, à tout venant. Ce sens austère de la vocation ne m'a plus jamais quittée. J'étais pourtant, à dix ans, pareille aux autres enfants : j'aimais jouer, j'essayais de me soustraire à mes leçons, je me retrouvais souvent au coin ou bien privée de dessert. Mais en plus, j'étais habitée par une idée fixe : je suis poète et je le resterai, mes amis seront aussi des poètes, je veux lire et discuter de poésie.

Rétrospectivement, je constate que mes deux vraies amies de jeunesse avaient eu la même vocation que moi et écrivaient également des poésies. L'une d'elles fut fusillée à l'époque stalinienne, l'autre a perdu son mari et passa quatorze années dans les camps.

....

Je me suis mise à écrire de la poésie spontanément, *submergée par mes émotions* comme les premiers romantiques. Mes débuts n'ont pas été glorieux. Ravie par *La Prière* de Lermontov, j'ai recopié avec soin les douze vers dans un cahier neuf que j'avais intitulé “Poèmes”. J'avais neuf ans et, grâce à la mélodie de ces vers, j'ai saisi intuitivement l'harmonie qui peut exister entre “la forme et le fond”, objet d'éternels débats. Si j'ai bonne mémoire, le contenu du poème m'échappa tout à fait. Je connaissais les prières conventionnelles, j'étais cependant imperméable à leur dimension sacrée. Mais la tristesse qui s'exprimait dans ces vers était sublime. Les mots chantaient et dansaient harmonieusement dans ma tête. J'étais émue jusqu'aux larmes par l'aveu du poète de son impuissance à saisir les mystères de la vie et je partageais sa joie d'avoir surmonté ses doutes : *Et je me sens si léger, si léger...* Un cercle enchanté se refermait sur Lermontov et moi.

“C'est du plagiat !” s'écria mon père lorsque je me suis vantée de mon cahier de poésies, et il m'expliqua sur-le-champ le sens de ce mot difficile. Je ne partageais pas du tout cette opinion ; j'ai fini par concéder tout au plus que Lermontov et moi avions composé cette poésie ensemble.

Cet été-là j'entendis prononcer pour la première fois le nom de Balmont. La sœur aînée de Youra, qui périt pendant le siège de Leningrad, récita avec un accompagnement musical *La Mort du cygne*. Je ne compris pas le sens de ce poème, je n'arrivais pas à me représenter comment un oiseau pouvait "parler avec son passé" ni "entrevoir la vérité". La musique de la poésie de Blok, *Petites bougies et petits saules*, arriva à mes oreilles depuis l'île Vassili mais me laissa indifférente. En revanche la dédicace du *Prisonnier du Caucase* de Pouchkine me ravit :

Seul, innocent, accablé de tristesse,
J'étais entouré d'ennemis et mourais de détresse...

Je me sentais directement concernée par ces vers et me les répétais quand, injustement punie, je me tenais debout face au mur :

Les ouragans rageurs se sont apaisés,
Et je bénis les dieux dans mon havre abrité.

La poésie agissait sur moi de manière mystérieuse par le seul jeu des sons et des silences.

....

Tout fonçait autour de moi "à toute allure" : le globe terrestre vers la constellation d'Hercule, la Russie vers la révolution et moi du lycée à la maison pour lire, réfléchir, écrire de la poésie, fuir les "rêves d'amour" et braver les tempêtes. Plus je sentais se refermer sur moi "l'aile protectrice" de la famille, plus je protestais et cherchais à échapper à la sollicitude des miens et aux règles qu'ils m'imposaient. Quelle insupportable créature j'étais, cruelle, effrontée, obstinée et avide de vivre ! Comment a-t-on pu m'aimer, moi qui bien souvent ne me supportais pas moi-même ?

La vie me livrait toujours davantage son sens profond, au-delà des apparences. Elle se présentait d'abord sous la forme d'un tableau ou d'un paysage entrevu à la hâte et n'en révélait le sens qu'après coup. Je voyais que les parties étaient reliées au tout comme dans une toile d'araignée ou sur une carte du ciel. Je contemplais ce spectacle des heures durant plutôt que de me sauver comme un artificier après la mise à feu.

J'avais douze ans lorsque j'eus l'occasion d'avoir un avant-goût de l'Europe.

....

Les nuits de Vichy, mes poèmes, les parties de tennis en compagnie de fillettes russes, l'amitié d'un garçon français qui me récitait par cœur Verlaine, ainsi que ses propres poésies, tout cela me paraissait déjà loin maintenant que j'étais en Angleterre. Je connaissais seulement de ce pays ce qu'avait pu me raconter autrefois le uhlan de Nicolas. J'en savais plus sur l'Afrique, grâce à Pouchkine et à Goumiliov, ou sur l'Amérique.

....

Dans le même temps, je vibrais à la poésie, je vivais en elle, j'en écrivais moi-même et je lisais celle des autres. Mon jeune ami français de Vichy m'avait dit qu'on ne pouvait écrire des vers qu'en français. Tout en sachant que ce n'était pas vrai, je n'avais pas pu lui expliquer pourquoi il avait tort. Nous nous étions longuement disputés. Il avait proposé que nous écrivions tous les deux une poésie sur un même thème, lui en français, moi en russe, et qu'on nous jugeât ensuite comme dans un concours. Nous avions décidé d'écrire une poésie intitulée : *Donne-moi une comète*, en pensant sans doute au passage de la comète de Halley en 1910. L'idée à développer était la suivante : je ne crains ni l'obscurité, ni les voleurs, ni les fantômes, fais-moi voir une comète dans le ciel, longue et terrible, messagère de catastrophes, qui fait planer une menace sur le monde. Fais-moi voir une comète pour qu'enfin je sache ce qu'est la peur. Mais comme je n'avais jamais composé jusque-là de poésie sur un thème imposé, je ne réussis pas à en écrire une sur la comète. Mon camarade, lui, sut le faire et notre dispute fut ainsi tranchée en sa faveur. Une rue de la banlieue lyonnaise porte aujourd'hui son nom. Je m'y suis promenée un jour en me disant qu'on lui avait fait don d'une rue, alors que moi je reçus la comète, messagère de catastrophes. Et j'ai connu la peur.

....

Quelques jours plus tard, je retournai au lycée. C'était la joie des retrouvailles, l'arrivée de nouvelles élèves.

— Et qui est-ce donc, celle-là ? Elle ne regarde personne.

— C'est Natacha Chklovskaïa, elle compose des vers.

La curiosité et le désir de devenir son amie se mêlaient chez moi à la peur de perdre mon prestige littéraire. Elle s'assit à mes côtés, au même pupitre. Elle avait treize ans comme moi, mais son visage était celui d'un adulte. Ses yeux gris étaient sérieux, son nez fin, ses lèvres serrées, sa silhouette celle d'une femme. Malgré moi je perdis contenance, mais nous nous sommes tutoyées. Elle me dit qu'un de ses oncles était critique littéraire. Je n'avais jamais entendu parler de lui et je me sentis gênée. Je lui présentai Nadia Otsoup dont le frère était poète. Plus tard elle sera poursuivie comme trotskiste. Je lui fis également connaître Lucie M., la fille d'un éditeur, qui elle sera fusillée, et Sonia R. qui se suicidera en 1931. Nous formions l'élite de la classe. Natacha allait désormais en faire partie. J'y fis allusion, elle me comprit, mais se tut.

Pendant le cours de russe, elle dut aller au tableau. On lui demanda si c'était vrai qu'elle écrivait des vers et si elle voulait bien les réciter à la classe. Elle accepta, nullement gênée, sans la moindre émotion. C'est moi qui étais inquiète à sa place. Elle regarda vers le plafond, puis vers la fenêtre. Ses sourcils en arc s'élevèrent encore davantage. Elle se mit à déclamer d'une voix claire et assurée :

Le muguet a fleuri gentiment
Et a fait un rêve de bonheur.
Le pauvre muguet s'est vite fané.
Qui donc l'a vu s'épanouir ?

C'était si beau que je retins mon souffle. (...) Mon cœur battait très fort. J'aimais Natacha. J'aimais sa tresse, le grain de beauté sur son nez, ses mains d'adulte un peu trop blanches, son anneau et son col de dentelle sévère. J'aimais son visage qui me faisait penser à la *Madone* de Cranach et, par-dessus tout, j'aimais sa poésie.

— Ecoute, Natacha, lui dis-je d'un ton décontracté pendant la récréation, il y a quelque chose qui ne va pas dans un de tes vers.

— Ah oui ? Où ça ?

Je lui expliquai qu'il s'agissait de la répétition maladroite d'une même syllabe.

— Ah bon ? Il faudra reprendre ça. Je les ai écrits hier et n'ai pas encore eu le temps de les revoir.

Je me décidai à lui confier mon plus grand secret. Jusque-là je n'avais jamais osé le dire à personne. J'avais à la fois honte et peur de le faire. Je lui avouai ne pas aimer *Eugène Onéguine.* (...) Cela fait vieux jeu et n'a ni queue ni tête !

Natacha se tenait devant moi, le visage impassible. Elle leva seulement de façon imperceptible ses sourcils arqués et pinça légèrement ses lèvres.

— Est-ce si important ? C'est bien égal, non ? L'important, c'est :

Son col de castor
Brille de givre argenté

ainsi que les enjambements qui courent de vers en vers, et de strophe en strophe. Quelle langue ! Quelle ironie ! Quel génie que ce Pouchkine !

Je rentrai en courant à la maison. J'avais besoin de me retrouver seule pour réfléchir. Je sentais de nouvelles perspectives s'ouvrir devant moi, un horizon nouveau d'idées et de significations.

Nous sommes restées amies durant les quatre années qui ont précédé son emprisonnement. Nous avons échangé nos anneaux et nos croix de baptême. Elle fut arrêtée après le meurtre de l'ambassadeur d'Allemagne, Mirbach, en 1918, à cause de son appartenance à l'aile gauche du parti socialiste-révolutionnaire. En prison, elle échangea ma croix en or contre un paquet de cigarettes. Sa croix que je ne portais jamais me fut volée, je ne sais plus dans quelles circonstances.

Elle prit la place de mes anciennes amies et plus personne d'autre ne comptait pour moi. Ensemble nous avons découvert Wilde et Maeterlinck, Hamsun et Ibsen, Baudelaire et Nietzsche, Annenski et Tiouttchev. Nous partagions nos expériences présentes et passées, mais notre passé nous paraissait pauvre, parce que nous ne l'avions pas vécu ensemble. Nous avions le même amour pour *Brand* d'Ibsen et pour *Dorian Gray* de Wilde, pour *Le Rosaire* d'Akhmatova et pour *Le Masque de neige* de Blok. En été, nous nous écrivions de longues lettres, nous échangions nos poèmes et nos livres. J'étais plus robuste et plus exubérante qu'elle, mais elle était plus raisonnable. J'avais l'impression qu'elle savait et comprenait tout. Entre nous, c'était l'égalité parfaite, aucune ne se sentait supérieure à l'autre, aucune n'était dominée par l'autre. Nous étions liées par un dévouement réciproque et une curiosité insatiable l'une pour l'autre. A la base de notre amitié, il y avait sa poésie et la mienne.

....

A la même époque, au début de la Première Guerre mondiale, j'ai fait la connaissance d'une personne qui, comme Natacha, eut sur moi une grande influence. Tatiana Viktorovna Adamovitch, qui avait inspiré à Goumiliov son recueil de poésies d'amour, *Le Carquois*, est arrivée dans notre lycée pour y occuper les fonctions de maîtresse d'études et de professeur de français. (...) Elle faisait partie d'un monde à part, connaissait Akhmatova et assistait aux réunions poétiques de l'Hyperboreus. Lors de nos conversations, je buvais chacune de ses paroles. Après la classe, Natacha et moi restions dans la salle des professeurs. C'était la même pièce où, près de la fenêtre enneigée, Moussia R. m'avait initiée aux terribles secrets de la vie.

Tatiana Viktorovna nous parlait de poésie, d'acméisme, des poètes français, des concerts de Koussevitski, des peintres du "Monde de l'Art", de Meyerhold, de Mandelstam, de Kouzmine, de Volkonski et de son école de ballet Jaques-Dalcroze. Comme le pauvre Lazare, j'attrapais les miettes qui tombaient de la table autour de laquelle festoyaient toutes ces divinités. Après la révolution, Tatiana vécut à Varsovie où elle monta une école de ballet, puis en 1936 elle vint à Paris où nous nous sommes rencontrées. Elle s'embrouilla : "C'est vous ? C'est toi ?" Je me souvins des vers que Goumiliov lui avait dédiés :

Ma bien-aimée a le sourire de l'été
Ses mains sont fines et frêles
Ses noirs cheveux sont parfumés
Tel dans les temps anciens le miel

Le couloir, les salles de classe et le bureau où nous nous trouvions étaient plongés dans l'obscurité. Une lampe de couleur verte était allumée sur la table, nous étions assises sur un canapé dur. Tatiana marchait de long en large, les mains derrière le dos comme font les hommes et nous parlait. Nous la suivions du regard et nos têtes tournaient tantôt à droite, tantôt à gauche, au rythme de ses pas. Chaque mot entrait dans ma mémoire comme une carte à jouer dans son paquet. La nuit au lit je passais la couverture sur ma tête et répétais ses paroles. J'étalais lentement devant moi le paquet multicolore et marquais les cartes de mes propres signes. Il n'y avait pas quatre, mais un nombre infini de couleurs. Puis je les rangeais dans ma mémoire comme le héros de Gogol, Ikharev, qui cachait son paquet de cartes, surnommé Adelaida Ivanovna, dans une valise. J'aimerais pouvoir crier aujourd'hui à Tatiana, si elle est encore en vie : "Tout a disparu, mais rien n'est mort !"

Naturellement, elle nous parlait surtout d'Akhmatova. Plus que Natacha, c'était moi qui imitais à cette époque, par immaturité, la grande poétesse. Celle-ci était pour moi un être à part. Nous récitions à Tatiana Viktorovna nos propres vers et elle nous parlait de l'essence de la poésie et des perspectives offertes par la nouvelle prosodie russe que pratiquaient les symbolistes et les acméistes. Parfois elle emportait nos poésies et nous les rendait une semaine plus tard, après les avoir lues à Akhmatova. Elle nous faisait rarement des compliments, mais elle reconnut une fois qu'une de mes poésies était réussie. Elle se terminait ainsi :

Aujourd'hui est venu mon treizième printemps
Je l'ai tant désiré, attendu si longtemps.

“Je la donnerai à lire à mon frère, m’avait-elle dit en riant. Il déclarera que c’est lui l’auteur, car il lui suffira de remplacer «treizième» par «seizième».” Celui-ci deviendra plus tard le critique littéraire Georges Adamovitch.

La meilleure amie de Tatiana Viktorovna était la première femme du poète acméiste Georges Ivanov. Elle s’appelait Gabrielle Ternisien. C’était une créature aérienne et charmante, d’origine française. Je ne cessais de penser à ces personnages : ils ont fini par former dans mon imagination un Olympe enchanté. Ils émergeaient du néant comme d’un rideau de brouillard, prenaient forme, puis s’estompaient à nouveau lorsque je les nimbais d’une gloire dont l’éclat m’aveuglait. Je vivais désormais dans un univers plein de surprises et d’enchantement. Un cinq en physique et un zéro en allemand me dégrisèrent un court instant. Mais bientôt je replongeai, avec une secrète délectation, dans l’autre dimension. Là il n’y avait plus ni tristesse, ni soupirs, rien que la vie jaillissant indéfiniment d’une poésie à l’autre.

Qu’est-ce que j’aimais au juste dans la poésie à cette époque-là ? La possibilité qu’elle m’offrait d’imiter les demi-dieux ? Celle de me transporter dans le monde de la beauté pure ? De donner libre cours aux “rêves d’amour” que j’avais étouffés ? Etait-ce le désir de m’accomplir ou bien de cultiver le seul art qui m’était alors accessible ? Et comment ai-je pu ressentir la beauté, alors que je ne soupçonnais même pas qu’on pût la définir ? Par instinct ? Sans doute étais-je avant tout à la recherche d’émotions intenses où se mêlaient l’attente, la vénération et l’enthousiasme.

A cette époque, la politique constituait l’air même que nous respirions, l’éthique était la forme que prenait ma contestation, mais l’esthétique restait, en dépit de ma passion pour la poésie, un domaine impénétrable. Je pressentais pourtant que cette discipline allait devenir une préoccupation constante dans ma vie et que, tôt ou tard, “la vérité esthétique” me serait révélée. (…) Quiconque, dans sa jeunesse, n’a pas ressenti douloureusement le besoin de découvrir le sens éternel de la mesure et de la beauté restera à tout jamais sourd à cet appel.

Ce sentiment n’est pas le fruit d’une démarche logique. Il trouve sa source dans les replis les plus secrets et les plus profonds du cœur humain, loin de l’agitation sinistre ou dérisoire qui nous entoure. Une folle nuit d’ivresse est à mille lieues de l’amour, de la peine et de la désolation qui forment l’essence de la vie nocturne. L’éternité peut nous être révélée sur le marchepied d’un autobus. Nous pouvons avoir la vision fulgurante de la fragilité des choses au guichet de la poste ou découvrir le caractère éphémère de notre vie en regardant un calendrier dans le hall d’accueil d’un consulat. Il arrive, chez un homme "ordinaire", qui prend son déjeuner "ordinaire" ou achète son médicament "ordinaire", que tout ce qui est "ordinaire" en lui soit pulvérisé en un éclair. Il prend à cet instant conscience du caractère à la fois absurde et sensé de l'univers et découvre à travers ses lunettes qui glissent sur son nez inondé de sueur un horizon sans fin.

....

Le troisième recueil de poésies d'Alexandre Blok parut en cette première année de guerre. Il est difficile d'imaginer aujourd'hui la tempête de musique que soulevèrent en nous ces vers. Ils correspondaient à notre refus des rêveries sentimentales et à notre aspiration à un idéal de beauté teinté de désespoir. Pouchkine représente en Russie la Renaissance, Blok le romantisme et Bely le cubisme. D'un point de vue historique, tout avait trouvé sa place. En simplifiant, on peut dire que ma génération a grandi selon le même schéma. Adolescents nous sommes passés du Pouchkine de notre enfance à Blok, puis à Bely. Bien sûr, je ne m'en rendais pas compte à l'époque.

Au début du printemps 1915 eut lieu, au cercle de l'Armée et de la Marine, sur l'avenue Liteïny, une soirée littéraire : "Les Poètes s'adressent aux soldats." C'était une des nombreuses manifestations de bienfaisance auxquelles participait volontiers l'intelligentsia. Je m'étonne encore qu'on m'ait permis d'y aller, car sans doute n'avais-je pas terminé une fois de plus mes devoirs pour le lendemain. J'étudiais par à-coups et réussissais tant bien que mal à m'en tirer. Je ne répugnais pas à ce qu'on me souffle et je copiais à l'occasion, surtout en algèbre et en physique. Je passais le plus clair de mon temps à lire et à composer des vers, tard dans la nuit.

Ce soir-là, ma mère m'annonça après le dîner que nous allions écouter de la poésie. Nous sommes partis à pied de la rue Joukovski* où nous habitions alors et avons remonté l'avenue Liteïny. J'étais émue, je craignais d'être en retard et de ne plus trouver de place. La salle était éclatante de lumière et pleine à craquer. Nous avons trouvé des places assez loin de la scène. J'avais mes longues tresses ; je portais ma robe du dimanche en velours marron et mes bottines à boutons.

En première partie, se produisit la chanteuse Andreievna-Delmas, puis on présenta une quelconque saynète de Meyerhold. Le répertoire classique du Théâtre Alexandrinski ne m'avait pas habituée à ce genre de spectacle. Je n'avais aucune

* Les fenêtres de notre appartement donnaient sur celui des Brik qui habitaient l'appartement du numéro 7, rue Joukovski, où vivait à l'époque Maiakovski. *(N. B.)*

notion du théâtre d'avant-garde et à la pensée de ce qui allait suivre, j'étais si troublée que je froissais le programme entre mes mains sans rien saisir de ce qui se passait. Les acteurs avaient d'énormes faux nez, faisaient des cabrioles et se donnaient des claques sonores. Les cloisons vacillaient, Oletchka Soudeïkina et Gabrielle Ivanova étaient à peine couvertes de voiles légers. Le public sifflait et applaudissait. Les lumières brillaient et j'étais tendue à l'extrême. Je restai clouée à ma chaise durant le premier entracte. Puis apparurent sur la scène, l'un après l'autre, Sologoub, Blok, Akhmatova, Kouzmine et pour finir Gorodetski.

Sologoub récita ses vers d'un air impassible. Il me paraissait très vieux et menu. Il avait sur lui une redingote noire et portait des lunettes, ou peut-être un pince-nez. Son visage était pâle et grave, sa voix sourde. (...)

Kouzmine, une légère mèche sur le front, déclama ses poésies pendant un long moment et malgré un petit défaut de prononciation, c'était très beau. Il psalmodiait fortement son texte, mais ça allait de soi à l'époque. Un jour à Paris, en 1928, Merejkovski me dit que cette tradition remontait à Pouchkine. Il avait appris cela dans son jeune âge de Iakov Polonski, alors que celui-ci était un grand vieillard. Polonski respectait visiblement cette tradition en souvenir de ceux qui avaient entendu Pouchkine et ses contemporains. Il prétendait que Tiouttchev aussi récitait de cette manière et que seuls les acteurs brisaient le vers et mettaient de l'émotion dans leur déclamation en soulignant comme dans la prose la ponctuation et l'intonation. Les rimes n'étaient plus guère audibles et le chant était sacrifié à la signification du texte, ce qui lui retirait son rythme et sa ligne mélodique. Certains mots étaient mis en valeur par une exclamation pathétique ou un chuchotement intime. Les gestes et les mimiques accentuaient encore le "réalisme" de cette interprétation et renforçaient les effets dramatiques de la voix. Il valait mieux ne pas regarder ! Pouchkine, semble-t-il, déclamait sans bouger, en psalmodiant et en marquant les pyrrhiques et les spondées, ainsi que les césures et les enjambements. C'est ainsi que Kouzmine et Sologoub récitaient ce soir-là. Blok, en revanche, ne desserrait presque pas les dents ; la mélodie disparaissait, mais il restait un étonnant dessin rythmique. Sa manière était d'exagérer l'inexpressivité. Seul Khodassevitch avait atteint un équilibre parfait dans l'art de la déclamation. Goumiliov exagérait le pathétique et un défaut de prononciation gâtait sa diction. Quant à Bely, il avait une manière bien à lui de réciter ses vers.

Blok apparut sur la scène, droit et sérieux. Il avait le teint légèrement coloré et ses yeux étaient clairs. Ses cheveux épais, plus brillants à la lumière électrique que son visage, formaient une auréole comme sur les photographies que j'avais vues de lui. Il avait ce soir-là une expression de désolation sans nom qui lui était probablement venue à cette époque et qui ne le quittera plus, à en juger par son journal, ses carnets de notes et ses lettres. Il se tenait sur le côté gauche de la scène, ses mains dans les poches de sa blouse, ou de son veston, et récitait :

Par les prairies marécageuses et désertes,
Nous nous hâtons. Solitude.
Là-bas, en demi-cercle comme des cartes,
Se dispersent les lumières.

Du point de vue de l'invention, le secret poétique de cette strophe réside dans l'allitération contenue dans le premier vers et la brièveté coupante du deuxième. Presque toujours chez Blok, la strophe forme une unité musicale constituée d'un accord ou d'un arpège. D'abord apparaît un élément inattendu qui sera ensuite commenté. Dans cette œuvre-ci, également, on trouve une comparaison : "... comme des cartes, ... les lumières." Puis, sans transition, le poète et l'"enfant" s'engouffrent dans cette métaphore comme dans un lieu réel. Trouveront-ils le "phare" ? Hélas non, ni eux ni personne d'autre. Ils erraient sans but, perdus dans un monde de ténèbres, de brumes et de parfums. Cet art de la surimpression donne au romantisme de Blok un caractère presque surréaliste qui nous rend le poète incroyablement proche.

Akhmatova portait une robe blanche, avec un col Marie Stuart à la mode. Elle était svelte, belle, brune et élégante. Elle approchait de la trentaine et se trouvait au sommet de la gloire qu'elle devait à la nouveauté de son écriture, à son profil et à son charme. Elle récitait lentement et avec tendresse, les bras croisés sur la poitrine : *De lui, tu ne recevras plus de lettres depuis la Pologne dévastée.* Sa voix sérieuse et chantante captivait l'auditoire.

Il y eut un second entracte. Cette fois je me levai et me dirigeai vers la scène. J'aperçus brusquement Tatiana Viktorovna à travers une espèce de brouillard éclatant. Elle donnait le bras à Akhmatova et lui arrivait tout juste à l'épaule. Elle me prit par la main et me présenta à la poétesse.

— Voici la fillette... Elle écrit de la poésie.

Akhmatova me tendit sa main fine :

— Enchantée.

Cette manière de s'adresser à moi comme à un adulte me parut très mondaine. La poignée de main me laissa une impression de froideur et de petitesse. J'avais envie de m'enfuir, troublée et consciente de mon insignifiance. Mais Tatiana me retenait fermement. Soudain, je ne sais trop comment, je me retrouvai devant Blok, dans le foyer des artistes :

— Alexandre Alexandrovitch, je vous présente la fillette qui écrit des vers.

— Enchanté, dit-il lui aussi en me regardant à peine, sa main effleurant la mienne.

Ma vue se brouilla, le visage immobile et triste de Blok, la mèche de Kouzmine et les lunettes de Sologoub m'apparurent comme à travers un voile.

Je regagnai précipitamment ma place en jouant des coudes. “Que faire, maintenant ? me demandai-je. Où aller ? Comment réagir ? Peut-être aurait-il fallu dire quelque chose, au lieu de se sauver ?” J'entendais les battements de mon cœur que j'étais fort heureusement seule à percevoir.

....

Je ne voulais pas me marier de peur de moisir dans cette ville et ne récitais pas mes vers chez les “nitchevistes” par sentiment de supériorité.

Loin, loin dans le Nord,
Où sévissent la faim et le froid,
Où depuis deux ans le trèfle se fait rare
Et l'avoine maigre.

Jamais ils n'auraient pu écrire des vers pareils ! J'apparaissais à leurs soirées de lecture, hautaine, sans desserrer les lèvres que je maquillais légèrement. Nous avions acheté, Virginia et moi, un bâton de rouge à lèvres que nous avions coupé en deux.

....

La Maison des Arts* était située au coin de la perspective Nevski et du canal Moïka, dans l'ancienne demeure d'Elisseiev. Dans ce foyer pour artistes et écrivains vivait, cet été-là, mon oncle Serge Oukhtomski qui était sculpteur. La naissance de ce cousin germain de ma mère était entourée de mystère. C'était le fils d'Olga Dmitrievna à qui mon grand-père et moi avions rendu visite, un jour, en tramway. Je reçus de sa femme, Eugénie Pavlovna, née Korsakova, que je connaissais à peine, une invitation à un après-midi dansant qui devait avoir lieu le dimanche 10 juillet. Je m'y rendis en compagnie de ma mère.

* Officiellement ouverte le 19 décembre 1919 et fermée à la fin de 1922. Durant ces années y logeaient quantité d'écrivains et d'artistes. *(N.d.T.)*

Je n'ai vu ce jour-là que les salles d'apparat de ce palais d'anciens marchands dont l'intérieur était chargé de dorures et l'extérieur de moulures. Il y avait environ cinquante invités. Les anciens laquais de la famille Elisseiev servaient le thé et des petits fours grisâtres sur de lourds plateaux d'argent. De nombreux jeunes gens étaient présents, mais je ne connaissais que Youri Soultanov, le fils de Mme Letkova-Soultanova, qui m'invita à danser. Sa mère et lui occupaient au foyer la pièce contiguë à celle des Oukhtomski. Alexandre Benois qui arborait une grosse barbe et son frère Albert s'assirent aux deux pianos à queue à chaque extrémité de la salle d'où retentirent les accords éclatants d'une valse de Strauss. Le soleil étincelait sur les dorures, les pendeloques de cristal des énormes lustres résonnaient. Par les fenêtres, on apercevait le palais Stroganov, un drapeau rouge planté au-dessus de son entrée délabrée.

— Il faudra revenir, me dit Eugénie Pavlovna, et aller aussi sans faute à la Maison Mourouzi. Goumiliov et tout l'"Atelier des Poètes*" s'y trouvent. On y organise des soirées poétiques.

Tout le monde me souriait avec sympathie, Anna Vroubel, qui habitait également au foyer, Lipgart, de l'Ermitage, et l'historien de l'art Tchoudovski, qui avait sa main bandée pour éviter de la donner à des inconnus. La vieille Mme Letkova-Soultanova, qui dans sa jeunesse avait bien connu Tourgueniev, m'invita à lui rendre visite et Akim Volynski, tout menu dans sa redingote sans doute empruntée, me salua également et me baisa la main au moment de partir.

Ici vivaient les divinités et j'étais leur invitée. Je dansais au milieu d'elles et les Cupidons en stuc me regardaient depuis le plafond.

J'attendis quelques jours avant de me rendre à l'Union des poètes. C'était le 15 juillet au soir et j'arrivai un peu en avance. La pénombre envahissait l'escalier aux larges volées. La "secrétaire" arriva. C'était la mère du poète Serge Kolbassiev dont Georges Ivanov écrivit dans *Les Hivers de Pétersbourg*, sans fournir de preuves, qu'il était un délateur. Elle ressemblait à Catherine II avec sa forte corpulence, son visage maquillé et ses frisettes. Son petit bureau et sa chaise se trouvaient sur le palier du premier étage, près de l'entrée des locaux de l'Union, qui comprenaient deux salons de réception et une salle de réunion. Elle m'écouta jusqu'au bout et me dit d'apporter dix poésies qui seraient examinées par le présidium. Le président Goumiliov et le secrétaire Georges Ivanov auraient à les juger.

* Cercle poétique fondé par Goumiliov en 1911 et regroupant les poètes du courant acméiste, dont la plupart émigrèrent après la révolution. *(N.d.T.)*

— Et si les poésies sont valables, dit la grosse dame d'un air indifférent, vous pourrez faire partie de l'Union.

Le 19 juillet, je retournai à l'Union des poètes et posai discrètement sur le bureau l'enveloppe contenant mes poésies que j'avais recopiées au propre. Je m'apprêtais à quitter rapidement les lieux, sans me faire remarquer, mais la secrétaire m'aperçut, sortit dignement sur le palier et prit l'enveloppe. Tout en arrangeant sa coiffure, elle me demanda de répondre à un questionnaire concernant ma demande d'admission à l'Union. Je remplis le formulaire avec une plume grinçante comme celles des bureaux de poste, en maculant la feuille de nombreux pâtés, puis je levai un regard interrogateur sur Catherine II. Elle m'enjoignit de revenir la semaine suivante pour voir si mes poésies avaient été jugées valables.

Je rentrai à la maison en passant par le jardin de Tauride où chantaient les rossignols. Le soleil brillait encore au-dessus des arbres et des maisons. La ville de Pétersbourg était silencieuse et figée dans son majestueux dénuement comme la cathédrale de Chartres ou l'Acropole.

Le 27 juillet, je me rendis à la Maison Mourouzi dix minutes avant le début d'une soirée poétique. Je passai directement au salon où Georges Ivanov vint à ma rencontre et me conduisit auprès de Goumiliov. Celui-ci abaissa sur moi ses yeux clairs qui louchaient. Son crâne en coupole donnait à son visage un aspect encore plus allongé. Sa laideur expressive avait quelque chose d'un peu effrayant. Il avait de longues mains, un défaut de prononciation et un air hautain. Un de ses yeux était constamment dirigé d'un côté et regardait dans le vide. L'autre fixa un instant ma poitrine et mes jambes. Puis les deux hommes sortirent en refermant la porte derrière eux.

— Ils sont allés délibérer, me dit Nicolas Otsoup qui se souvenait vaguement de m'avoir vue autrefois chez sa sœur. Nadia travaille maintenant dans la Tchéka, dit-il calmement, en me regardant avec gentillesse. Elle se promène en blouson de cuir et porte un revolver. Je l'ai rencontrée l'autre jour dans la rue et elle m'a dit que des gens comme moi, il fallait les fusiller, ce que justement ils s'employaient à faire.

Goumiliov revint et s'approcha de moi. Mes poésies avaient été reconnues valables, ou plus exactement quelques vers de ma poésie : "Je chercherai avidement / L'empreinte de tes étreintes..." et les rimes de "Loin, loin, dans le Nord..."

Dans la salle où se trouvaient une vingtaine de personnes, Georges Adamovitch lisait déjà *Maria, où êtes-vous à présent ?* J'allai l'écouter. Je me sentis brusquement en harmonie avec moi-même et avec ce milieu. J'avais fait un pas en avant et j'étais comme inondée par une vague paisible.

Goumiliov récita des vers ainsi qu'Ivanov, Otsoup et un certain Neldikhen en veste de velours, les cheveux longs et la voix splendide. Dès la fin de la lecture, Goumiliov m'invita à prendre une tasse de thé. On nous servit également de la pâtisserie. Après la mort de Goumiliov, Georges Ivanov me dit :

— C'était un grippe-sou, et quand j'ai vu qu'il vous offrait des gâteaux, j'ai soupçonné qu'il y avait quelque chose de louche là-dessous.

Nous étions assis seuls dans un coin du grand salon et je devinai qu'on ne dérangeait pas Goumiliov lorsqu'il était en compagnie galante. Il aborda tout de go le thème de la soumission :

— La discipline est indispensable. C'est moi le chef ici. Il faut respecter la hiérarchie. En poésie, c'est pareil. Ça doit être même plus sévère. A la baguette !

Je ne disais rien. J'écoutais avec curiosité, cherchant sur son visage la trace d'un sourire. Mais je ne voyais que cet œil qui me fuyait et l'autre qui me transperçait de son air important.

— C'est moi qui ai fait Akhmatova et Mandelstam. Maintenant, je lance Otsoup et si je veux je peux faire autant pour vous.

Je commençais à me sentir gênée. Je craignais de l'offenser en souriant, mais j'avais du mal à le prendre au sérieux. Sa voix était sèche et son visage se figeait quand il se taisait. Quand il parlait, on aurait dit l'aboiement d'un chien. Il me semblait qu'il se trompait en croyant que dans l'"Atelier des Poètes" régnait un esprit militaire. C'étaient plutôt des petits-maîtres autour d'un des rois Louis.

— Je suis monarchiste. Je me signe quand je passe à côté d'une église. Si vous faites ce que je dis, vous deviendrez une poétesse... Pour cela, il faut cesser d'aimer les symbolistes.

J'éclatai de rire. Je trouvais que c'était un peu tôt pour me dicter qui je devais aimer ou ne pas aimer. Il me jeta un regard furibond et sur le même ton sec et impérieux me fit un compliment sur mon visage et mes jambes.

Je n'étais plus seulement embarrassée, mais pétrifiée. Je ramenai mes jambes sous le divan et cachai mes mains sous la table. J'aurais voulu qu'il plaisante sur tout cela, mais il n'en fit rien.

Nous étions apparemment paisibles ; en réalité, il y avait de l'animosité entre nous.

— Je dirige un groupe de travail à la Maison des Arts. J'enseigne aux jeunes poètes l'art d'écrire des vers. Je vous l'apprendrai aussi, vous ne savez pas écrire. (Il prononçait "poâte".)

— Merci bien, Nicolas Stepanovitch, répondis-je à mi-voix, je ne manquerai pas d'assister à vos cours.

— Quel est votre poète préféré ? aboya-t-il soudain.

Je ne répondis pas. Ce n'était pas lui et je ne voulais pas mentir.

....

Les cours avaient lieu à la Maison des Arts. Je ne sais plus pourquoi la réunion avait été exceptionnellement déplacée du lundi au mardi 2 août. Dans l'un des salons de l'ancienne demeure d'Elisseiev se trouvait une longue table autour de laquelle nous avons pris place. Chacun récitait ses vers à tour de rôle, "en cercle", suivant la coutume. (...)

Tous les membres du groupe avaient publié des poésies dans le recueil intitulé *Le Coquillage sonore* édité par leurs soins en automne 1921 et dédié à Goumiliov. Il n'a sans doute pas été mis en vente et n'est jamais parvenu en Occident.

Les plus doués d'entre eux étaient Kostia Vaguinov, Nicolas Tchoukovski et Frida. Celle-ci lut les vers suivants :

J'ouvrirai portes et fenêtres,
Le vent jouera dans mes cheveux,
La côte se sera estompée
Au-delà de la ligne bleue de l'horizon.

Je me liai aussitôt d'amitié avec Nicolas Tchoukovski, le fils de Korneï Ivanovitch, âgé de dix-sept ans. Il était gros et cela le gênait. Vaguinov était taciturne et triste, par la suite il me fera penser à Zochtchenko. Il écrivait des poésies étranges, un peu délirantes :

A peine suis-je entré dans la bibliothèque,
Que les mots se mirent à voler.

Volkov lut son article critique, en prose rythmée, sur *La Colonne de feu* de Goumiliov qui venait de paraître (...) Tikhonov quant à lui était sombre et nous quitta assez vite.

Après le "cours", Goumiliov proposa aux étudiants une partie de colin-maillard. On lui banda les yeux et tous se mirent à jouer avec entrain. Personnellement, je ressentais une forte réticence à courir autour de lui avec les autres. Je trouvais que ce jeu avait quelque chose d'artificiel et de faux. J'aurais voulu continuer à les écouter réciter des vers et discuter de poésie, mais je craignais de les vexer en refusant de participer au jeu. Je finis par rejoindre le groupe à contrecœur. C'était ennuyeux et je fus soulagée lorsque la partie prit fin. Goumiliov nous invita chez lui et cinq d'entre nous acceptèrent.

Sa chambre était spacieuse. De longs divans étroits bordaient les murs, car autrefois cette pièce servait de vestiaire au sauna d'Elisseiev. Juste à côté, dans le sauna aux murs carrelés de faïence, vivait Marietta Chaguinian. Quand tout le monde fut parti, il me fit asseoir et me montra son cahier noir.

— Je passerai sûrement de nouveau la nuit à écrire, dit-il, depuis hier je me sens infiniment triste. Cela fait longtemps que cela ne m'est pas arrivé.

Il me lut ces vers qu'il avait écrits pour moi sur la première page du cahier :

Je me suis moqué de moi
Et me suis abusé moi-même,
Lorsque j'ai cru qu'en ce monde
Il pouvait y avoir une autre que toi. (...)

J'étais gênée de me trouver dans ce vestiaire pour sauna, avec cet homme à qui je ne pouvais adresser le moindre mot tendre ou amical. Je le remerciai. Il me dit :

— C'est tout ?

Il ne se rendait absolument pas compte de mon embarras.

Lorsque je me levai pour partir, il m'accompagna. La solitude lui pesait et il me proposa de faire un tour au café du sous-sol pour y manger des pâtisseries. Cela dura un long moment et sa tristesse finit par se communiquer à moi. En sortant, nous avons traversé la place du Sénat et sommes restés assis près de la statue de Pierre le Grand jusqu'à la tombée de la nuit. Puis il me raccompagna chez moi, de l'autre côté de la ville. Je ne savais pas trop quoi faire. Je ne m'étais jamais trouvée dans une situation aussi délicate. Jusqu'ici, entre moi et les autres il y avait toujours eu comme un accord tacite sur nos rapports réciproques. Mais lui était un mentor et je me heurtais à un mur opaque fait de suffisance, de fausse grandeur et d'insensibilité. J'aurais voulu être à cent lieues de là, mais en même temps, je n'oubliais pas que c'était un grand poète.

— Ce n'est pas l'amitié que je cherche auprès des femmes, lança-t-il comme par inadvertance, ce n'est pas ça que j'attends de vous. Je vais vous quitter maintenant pour écrire des vers sur vous.

Je passai sous la porte cochère, sachant qu'il me suivait du regard. Je fis un effort sur moi, m'arrêtai, me retournai et lui dis calmement et sans façon :

— Merci bien, Nicolas Stepanovitch.

Je ne l'ai plus jamais revu, car à l'aube du mercredi 3 août il fut arrêté.

— J'ai trouvé un cahier recouvert de toile cirée noire parmi les papiers de Nicolas Stepanovitch, me dit un mois plus tard Georges Ivanov. On y trouve une seule poésie. Etes-vous au courant de ce cahier ?

— Oui, répondis-je.
— Aimeriez-vous l'avoir ?
Je remerciai Ivanov et refusai.
Il publia la poésie dans le dernier recueil de l'"Atelier des Poètes" paru à Berlin en 1923.
J'avais besoin de comprendre ce qui s'était passé. Je me rendais compte que mon chemin avait subitement croisé celui d'un représentant d'un passé lointain, qui non seulement ne comprenait pas son temps, mais n'essayait même pas de le faire. Du coup, il ne pouvait pas me comprendre moi non plus. Il disait de lui qu'il était monarchiste, qu'il se signait à la vue d'une église et qu'il était heureux d'avoir un cœur de douze ans. C'était tellement contraire à ce que j'étais qu'en apprenant qu'il avait seulement trente-cinq ans, cela me parut invraisemblable. Je croyais, par naïveté, qu'il pouvait avoir la cinquantaine. Du reste, comme c'est souvent le cas chez les personnes laides, son visage n'avait pas d'âge.
Je me posais toutes sortes de questions. Pourquoi l'avais-je rencontré ? Pourquoi ses paroles m'avaient-elles tant choquée et le ton qu'il employait m'avait-il comme paralysée ? Avais-je raison de prêter tant d'importance aux *paroles* ? Peut-être bien que lorsqu'on m'avait appelée "ma déesse" avec les meilleures intentions du monde, ça n'était pas si terrible que cela ? Je devinais pourtant que les paroles cachaient autre chose. Dans l'une de ses poésies, où Akhmatova évoquait sa vie avec Goumiliov, elle parlait d'un "*fouet* suspendu au mur". Personne ne m'avait approchée jusqu'ici un fouet à la main et le visage privé de sourire : de cela, je n'éprouvais nullement le besoin.
La veille de cette terrible matinée où il fut arrêté, Goumiliov me confiait qu'il ne s'était jamais senti aussi accablé de tristesse... Je me répétais de mémoire ses vers que je connaissais par cœur depuis l'âge de treize ans. Ils avaient du charme pour moi par bien des côtés, mais je découvris brusquement leur caractère enfantin et démodé. Je trouvais qu'il n'avait rien apporté de nouveau par rapport aux symbolistes. Avait-il réellement cru pouvoir l'emporter sur Viatcheslav Ivanov, André Bely et Alexandre Blok avec des poésies d'inspiration parnassienne ? On sentait chez lui ce côté vieux jeu jusque dans sa pesante prétention masculine. Sans doute était-il né trop tard. Ce n'était pas par hasard qu'il avait dit un jour : "J'entretiens avec la vie contemporaine des relations de politesse, mais il existe entre moi et elle une barrière infranchissable." Ce "mais" était lourd de sens et en disait long sur le drame de Goumiliov. C'était un grand poète, j'en suis convaincue aujourd'hui, mais que de dureté et de prévention dans le jugement que je portais sur lui, à l'époque !

Ma vie était très solitaire. Ce ne fut qu'au début de l'automne que je me liai d'amitié avec Nicolas Tchoukovski, Ida et Léon Lounts. En marchant au hasard dans les rues, l'idée me vint le 7 août de passer par la Maison des Ecrivains pour avoir d'éventuelles nouvelles sur le sort de Goumiliov. Je n'arrivais pas à surmonter le désespoir qui m'accablait.

Je suivis la rue Basseïnaïa jusqu'à la Maison des Ecrivains. C'était un dimanche, la veille de mon anniversaire, et il était environ trois heures de l'après-midi. J'espérais des nouvelles de ceux qui avaient été arrêtés en même temps que Goumiliov. Parmi eux se trouvaient mon oncle Serge Oukhtomski, Bak, l'ancien éditeur du quotidien des cadets, et le professeur Lazarevski. Je les connaissais personnellement. Les lieux étaient déserts et calmes. On apercevait le feuillage des arbres à travers une porte vitrée qui donnait sur le jardin. La Maison des Ecrivains et celle des Arts étaient installées dans d'anciens hôtels particuliers. Mon regard fut attiré par un faire-part encadré de noir : "Aujourd'hui le 7 août est décédé Alexandre Alexandrovitch Blok." L'annonce était encore humide, car on venait juste de la coller.

Je me sentis brusquement orpheline. Plus jamais je n'éprouverai pareil abandon. La fin approche... Nous resterons seuls... Nous sommes perdus... Les larmes jaillirent de mes yeux.

— Pourquoi pleurez-vous, mademoiselle ? demanda un petit homme maigre avec un énorme nez crochu et de beaux yeux. C'est à cause de Blok ?

C'était Boris Khariton que je ne connaissais pas encore à ce moment-là. Il émigra par la suite et devint rédacteur d'un journal du soir russe à Riga. Après la prise de cette ville en 1940 par les Soviétiques, il fut déporté en Russie soviétique où il mourut.

Il sortit dans la rue tout en tirant un mouchoir de sa poche et je le suivis. Je me dirigeai lentement vers l'avenue Liteïny, tournai dans la rue Simeonovskaïa, puis à la Fontanka m'arrêtai chez un fleuriste sur le quai. Je m'étonne encore aujourd'hui d'avoir trouvé à Pétersbourg un magasin de fleurs ouvert. Je n'avais pas remarqué ce fleuriste quand nous étions passés mardi, Goumiliov et moi. J'avais un peu d'argent et j'achetai quatre lis blancs à longues tiges. Faute de papier d'emballage, je les emportai tels quels. J'imaginais que les passants devinaient où j'allais, à qui j'apportais ces fleurs, qu'ils avaient lu les annonces collées aux carrefours et qu'ils allaient me suivre jusqu'à la maison de Blok, sur la Priajka.

Je pris le tramway au coin de la rue Kazanskaïa et lorsque je descendis au bout de la rue Ofitserskaïa, je réalisai que je n'étais jamais venue par ici et que je ne connaissais pas ces lieux, la rivière Priajka, ses berges verdoyantes, les usines, les maisons basses, l'herbe qui poussait entre les pavés. Il n'y avait personne aux alentours. C'était un quartier paisible et désert.

L'office des morts était fixé pour cinq heures. J'étais dix minutes en avance. Je ne pouvais pas prévoir que ce jour serait une date qui vivrait dans la mémoire des hommes tant que durerait la poésie russe. La maison était grande, vieille et délabrée. L'entrée se trouvait sous la porte cochère. On suivait un escalier. La porte de l'appartement était entrebâillée. Je pénétrai dans un vestibule sombre. A droite se trouvait le bureau. Je posai les fleurs sur la couverture, puis me retirai dans un coin. Je restai longtemps là à le regarder.

Il ne ressemblait plus ni aux portraits que je conservais dans mes livres, ni à l'homme vivant que j'avais entendu autrefois réciter :

Par les prairies marécageuses et désertes...

Ses cheveux avaient foncé et étaient devenus plus rares, ses joues étaient creuses et ses yeux enfoncés dans les orbites. Son visage était envahi par une barbe sombre et clairsemée et son nez était plus saillant. Rien ne demeurait. Rien. C'était "un cadavre inconnu" qui gisait là. Les mains et les pieds étaient liés, le menton appuyé contre la poitrine. Deux ou trois bougies brûlaient. On avait emporté les meubles et dans la pièce presque carrée, il restait une bibliothèque placée contre le mur, à gauche de la porte. Derrière les vitres, on voyait le dos des livres. Les rayons du soleil dansaient à la fenêtre et on apercevait la berge verdoyante de la Priajka. Nadejda Pavlovitch entra. Je l'avais entrevue la semaine précédente, à la Maison des Arts. Puis ce fut le tour de Piast et d'autres que je ne connaissais pas.

La tête penchée et appuyée sur sa main, à la manière des paysannes, Nadejda Pavlovitch fixa longuement le visage de Blok. Eugénie Knipovitch, ses cheveux clairs contrastant avec ses sourcils sombres, passa devant moi, les yeux gonflés de larmes. Puis arriva le peintre Youri Annenkov, suivi d'Alexandra Andreievna, la mère de Blok, et Lioubov Dmitrievna, sa femme. Alexandra, toute menue, avec un petit nez rouge, ne voyait personne. Le prêtre mit ses vêtements sacerdotaux dans le vestibule et entra, accompagné du diacre. Le premier office des morts avait déjà commencé lorsque je vis venir Marietta Chaguinian et un groupe d'hommes dont Korneï Tchoukovski et Zamiatine. Au total, nous étions une douzaine de personnes. Nous nous tenions des deux côtés du corps, certains entre l'armoire et la fenêtre, les autres entre le lit et la porte. Bien des années plus tard, Marietta Chaguinian se souviendra de ces instants dans ses Mémoires : *Une jeune fille apporta les premières fleurs.*

Je rentrai à la maison. Quelqu'un était venu nous rendre visite. Nous avons bu du "thé", en réalité une infusion de carottes râpées, et mangé du pain noir. Nous fêtions mes vingt ans.

Les funérailles eurent lieu mercredi 10 août. Je vis Bely pour la première fois. Il descendait l'escalier en compagnie de Piast, de Zamiatine et d'autres. Ils portaient le cercueil sur les épaules. Un chant mélodieux et sonore s'élevait selon la coutume russe lorsqu'on emporte le corps du défunt. Lioubov Dmitrievna tenait Alexandra Andreievna par le bras et le prêtre balançait l'encensoir. Dans la rue se formait déjà une foule qui grandissait à mesure. Les gens étaient en noir, tête nue. Nous avons suivi la Priajka, traversé la Néva, puis l'île Vassili jusqu'au cimetière de Smolensk. Quelques centaines de personnes marchaient à pas lents le long des rues écrasées par le soleil d'été. Le cercueil oscillait sur les épaules. Le corbillard vide cahotait sur les pavés et l'on entendait le bruit des semelles sur la chaussée. La circulation s'immobilisait. Un vent tiède soufflait du golfe et nous marchions toujours. Sans doute n'y avait-il personne dans cette foule qui ne pensât, ne serait-ce qu'un instant, que non seulement Blok était mort, mais également cette ville qui avait exercé une emprise si particulière sur les êtres et sur l'histoire de tout un peuple. Une époque se terminait. A présent, la Russie se précipitait vers d'autres horizons.

Pendant deux semaines, nous avons vécu dans un silence total, comme terrés. On parlait en chuchotant. A la Maison Mourouzi, à la Maison des Ecrivains et à la Maison des Arts, partout on se taisait, on attendait, on était sans nouvelles. Le 24 août arriva. J'étais encore au lit quand Ida Nappelbaum vint m'apprendre qu'on avait apposé aux carrefours des affiches annonçant qu'on les avait tous fusillés : Oukhtomski, Goumiliov, Lazarevski et bien sûr Tagantsev, au total soixante-deux personnes. Ce fut un tournant. Tout ce qui allait se produire pendant les quelques années à venir était le prolongement de ce mois d'août : le départ à l'étranger de Bely et de Remizov, celui de Gorki, l'expulsion massive de l'intelligentsia au cours de l'été 1922, le début des répressions systématiques et la destruction de deux générations. Ida perdra son mari pendant la terreur stalinienne et moi, je ne reviendrai plus jamais ici. Un office des morts fut organisé pour les exécutés à la cathédrale Notre-Dame-de-Kazan. Il y eut beaucoup de monde et beaucoup de larmes.

....

Le lundi 21 novembre, après les cours, je suis allée à la Maison des Arts pour assister au séminaire de Korneï Tchoukovski. J'ai récité mes vers à mon tour.

— C'est bien, dit Tchoukovski en me regardant fixement, vous avez écrit de bons vers.

Nicolas était content et son large visage rayonnait de plaisir.

Nous sommes partis ensuite chez Ida.

— J'ai invité Anna Akhmatova, dit-elle pendant que sa "vraie mamma" nous préparait des tartines avec du saucisson, et j'ai rencontré Khodassevitch qui a promis de venir, lui aussi.

Ce nom ne me disait pas grand-chose.

Alors que nous rentrions tard dans la nuit, Nicolas me dit en gesticulant avec exubérance :

— Chère amie ! On vous en a fait des compliments aujourd'hui ! Comme je suis heureux pour vous ! D'abord papa, puis tout à l'heure Vladislav Felitsianovitch (Khodassevitch). C'est formidable ! Quelle fantastique journée !

Quand je partis, Ida m'avait chuchoté à l'oreille :

— Aujourd'hui, c'est *ton* jour !

Assise par terre, j'avais récité :

Cuvettes et cruches ornées,
Au robinet les rincerai,
Et mes cheveux encore humides
*Les natterai devant le poêle fumant...**

Même Akhmatova eut un sourire bienveillant. Elle me dédicaça sans dire un mot un exemplaire de son recueil *Anno Domini.* Enfin quelqu'un qu'on appelait "Felitsianovitch" déclara qu'il avait bien aimé l'histoire du seau et de la brosse.

— Pardon ! Le balai ! rectifia-t-il.

Khodassevitch avait des cheveux longs, raides, noirs, coupés au carré. Il lut ce soir-là ses poésies, *Lida*, *Bacchus* et *Elégie.* Celle-ci produisit sur moi une vive impression. Je me procurai ses recueils, *La Voie de la graine* et *La Maisonnette heureuse.* Le 23 décembre, il était de nouveau chez Ida et lut sa *Ballade.* Je n'étais pas la seule à être bouleversée par ces vers. On en parlait beaucoup à Pétersbourg à l'époque.

Mais qui était donc cet homme ? Vu son âge, il aurait pu faire partie de l'"Atelier" et des "Hyperboréens" avec Goumiliov, Akhmatova et Mandelstam, mais il était d'un tout autre genre que ces gens à l'allure un peu guindée et démodée avec la raie des cheveux bien dessinée, leurs pochettes élégantes, leur façon désuète de faire le baisemain. Même sa façon de parler était différente de la leur. Dès l'abord on sentait qu'il était un homme *de notre temps*, qu'il en portait même la blessure, peut-être de façon irrémédiable.

* Ce poème est le premier de l'anthologie (p. 35), daté de 1921. *(N.d.E.)*

Aujourd'hui, l'expression *notre temps* n'évoque plus les mêmes images que lorsque j'étais jeune. Cela signifiait alors l'écroulement de l'ancienne Russie, la guerre civile et la N.E.P. que la révolution avait concédée à la petite-bourgeoisie. En littérature, c'était la fin du symbolisme, la montée du futurisme et, par le biais de ce dernier, la mainmise de la politique sur l'art. La figure de Khodassevitch m'apparut, dans ce contexte, comme une préfiguration *des jours froids et ténébreux à venir* (Blok).

....

Le moment où nos relations ont pris une tournure décisive est lié dans mon souvenir avec la célébration du Nouvel An 1922. Après une famine de trois ans, le froid, une vie de catacombes, tout à coup surgirent une foule de projets fantastiques. On parlait de soirées, de bals, de nouvelles robes. Certaines d'entre nous avaient encore des rideaux ou des malles de leur maman. Dans la ville à moitié morte, des bouts de phrases se mirent à résonner, du genre : "Une bouteille de vin pour quatre", "une réservation pour le dîner", "invitons un pianiste". Vsevolod Rojdestvenski, avec lequel je m'étais liée d'amitié, me proposa de l'accompagner à la Maison des Ecrivains le soir du 31 décembre.

Khodassevitch me demanda où j'avais l'intention de fêter le Nouvel An. Je m'attendais à cette question ; je lui répondis que Rojdestvenski m'avait invitée à dîner. Il me répondit qu'il y serait aussi.

Rojdestvenski partageait sa chambre cette année-là avec le poète Nicolas Tikhonov. J'allais souvent chez eux et un jour Rojdestvenski me montra le fameux coffret de cyprès qui avait appartenu à Innokenti Annenski et que le fils de ce dernier, Valentin Krivitch-Annenski, lui avait confié. Dans le coffret se trouvaient des cahiers noircis de la main du poète. Nous avons passé une soirée entière, Rojdestvenski et moi, à déchiffrer et à lire ces poésies, éperdus d'admiration et d'émotion.

Ce soir-là, à la Maison des Ecrivains, avaient pris place à la petite table de la salle à manger Zamiatine et sa femme, Korneï Tchoukovski, Michel Slonimski, Fedine et sa compagne, Khodassevitch, Rojdestvenski et moi.

Souverains dans l'ivresse et la joie,
Nous allons en chantant,
Nous buvons jusqu'à l'aube
Dans deux verres pour trois...

....

Vous regarder tous deux
Me force de loucher...

Ma vie reste au rivage
Et j'en suis aise !*

— Que veut dire "au rivage" ? me demanda Khodassevitch.

— Au rivage ? C'est là où on reste quand le bateau s'en va, on ne s'engage pas pour de bon.

Khodassevitch attendit le moment où Rojdestvenski engagea la conversation avec Fedine pour me dire à mi-voix :

— Je ne suis pas de ceux qui restent au rivage.

....

Mes vers d'alors ont un caractère "inachevé" que l'on retrouve chez presque tous mes contemporains. C'est la raison pour laquelle j'ai préféré ne pas les publier. Cependant, presque tout le monde connaissait par cœur ma parodie d'une romance, *Guitare***.

* Ce poème apparaît dans l'anthologie (p. 36), daté de 1921. *(N.d.E.)*
** Ce poème apparaît dans l'anthologie (p. 56), daté de 1926. *(N.d.E.)*

ANTHOLOGIE PERSONNELLE

1921-1933

Cuvettes et cruches ornées,
Au robinet les rincerai,
Et mes cheveux encore humides
Les natterai devant le poêle fumant.

Alors, en donzelle joyeuse,
Natte nouée, je porterai
Le seau pesant, balayerai
De mon méchant balai.

Qu'il est bon en ce jour de refouler
De futiles chimères et de penser
Qu'en mon sommeil impitoyable
Tu cesseras sans doute d'exister !

(Pétersbourg, 1921)

Souverains dans l'ivresse et la joie,
Nous allons en chantant,
Nous buvons jusqu'à l'aube
Dans deux verres pour trois.

A-t-il une femme, ou une fiancée ?
Moi, j'ai un père et sa sévérité.
Que faire si dans la ronde
Il n'est pas de place pour eux ?

L'amie timidement demande :
Est-il vrai qu'on te partage ?
Je hausse les épaules,
Fronçant mon fin sourcil.

Vous regarder tous deux
Me force de loucher…
Ma vie reste au rivage
Et j'en suis aise !

(Pétersbourg, 1921)

Par cette nuit sans vent,
Par ces deux jours d'un calme hiver,
Et tant que durait le silence,
Ma vie doucement s'étoilait.

Je ne pensais à rien,
Sous la capote du traîneau
Ma main se glaçait dans la moufle,
Et là les rênes s'emmêlaient.

Que vois-je alors : dans l'arceau de grelots
Le sol soudain change d'allure,
Les champs déserts et bosselés
Volent vers moi comme contrées bruissantes.

(Pétersbourg, 1921)

MA FÊTE

Sur la table dressée, d'une bougie
Mon père allumera les autres.
Il y aura paroles inhabituelles,
Du riz, du poisson et du vin.

Jour radieux de ma fête,
Précédant le Baptême,
C'est mon second Noël –
Mon cœur ne peut
Contenir tant d'émois.

(Pétersbourg, 1922)

PÉTERSBOURG

Sereine, la ville a jeté l'ancre,
Se muant en vaisseau immobile,
Eparpillant les rives alentour
Et tout s'est métamorphosé.

Et depuis lors ses mâts se dressent
Dans une folle exubérance,
Sondent l'obscurité, la percent
De rameaux étincelants.

Invisibles confins de l'espace –
Où sont les rues, où les rivages ?
Places, cours ou refuges,
Tout est frisson et bruissement de neige.

Il n'y a guère, moi aussi
J'ai vécu sur ce grand vaisseau.
Tournant au pied du plus haut mât
J'attendais dans la nuit.

Ah, comme je savais l'oublier,
Que nous étions lacustres
Lorsque dans le couloir désert
Tu venais à ma rencontre.

Avoue-le maintenant, quel mal de mer,
Quelle tempête cognant aux murs,
Et comme paraissaient précaires
Le silence et la paix.

(Berlin, 1922)

P. P. M.

Au moment de l'amère séparation,
Ne dis pas se revoir impossible.
Je possède le don mystérieux
De me rappeler à toi.

A l'étranger, du fond de mon exil,
Un jour peut-être, moment venu,
D'un signe, je te ferai renaître,
D'un vers, d'un trait de plume.

Me lisant tu verras ma mémoire
Ressuscitant ton ombre et tes paroles,
Tu reverras mon ombre, et tu sauras
Ce que j'ai fait d'hier ou d'aujourd'hui.

Quelle rencontre espérais-tu ?
En une ligne je te rends tes regards,
Tes pas, tes saluts, tes paroles.
Je n'avais rien reçu de plus.

(Berlin, 1923)

VALSE

L'orgue de Barbarie
Chante, la glace grince,
Sur un tapis danse le chien
Harnaché de grelots.
Mais le gardien par le guichet
De la main fait un signe et crie
Au musicien de s'éloigner.

Le maître ne voit rien,
Il est depuis longtemps aveugle,
Le maître n'entend rien,
La valse à force l'a rendu sourd.
Le petit chien n'ose arrêter,
Se raidit, reprend souffle,
Et danse de plus belle.

(1924)

Par vos récits et badinages
Sur les manches gigot,
Sur les chapeaux garnis de strass,
Sur les cristallins éventails

Revient le souvenir si proche
De mes jeunes années,
Voici que de ma mère
Le doux visage me fait signe.

Je revois une taille
Comme on n'en voit plus guère ;
Je me souviens de la fourrure
Contre la joue dans l'âpre froid.

Je vois les plumes au chapeau,
Le face-à-main cerclé d'écaille,
La traîne au milieu du salon
Que jamais plus je ne verrai.

Le crépuscule fut féerique
Des derniers bals de l'avant-guerre
Que captait dans la nuit
Mon regard d'enfant las,

Le feu nocturne des miroirs,
Et par-dessus ma tête
Le branle des pendants d'oreilles,
Et l'éclair bleu des perles.

De haut, gantée de peau, si froide,
La main légère me bénissait.
Les talons claquaient, puis
La porte sur la rue se refermait.

Je me souviens de la coiffe bouffante,
Du gai regard et du calme visage.
Je me souviens de l'insolent éclat
Des ongles délicats,

De la robe avec son col de tulle
(Armé de ses quatre baleines),
En juillet l'ombrelle de dentelle,
Et, pour la plage, la voilette.

Ainsi, par vos évocations,
Resplendissante en ma mémoire,
Avec tendre insistance,
Paraît ma mère radieuse.

En cortège les souvenirs
Défilent : mort de Léon Tolstoï,
Beilis*, la Douma**, et là
Des drapelets sur une carte.

(1925)

* Mendel Beilis fut acquitté par la cour d'assises de Kiev en 1913. Il était accusé d'avoir égorgé un enfant russe et bu son sang (prétexte des meurtres rituels attribués aux Juifs). *(N.d.T.)*

** Douma : premier Parlement russe élu au suffrage censitaire en 1906. *(N.d.T.)*

POÈME LYRIQUE

1

Vingtième siècle, et mes vingt ans,
Brasiers, peine de mort, maigres récoltes –
Sur la rive de l'antique Seine
J'oublie cela. Je suis vivante.
Ne plus penser au terrifiant chambard,
Et ne plus invoquer l'ombre de mes absents.
Vieille toupie, la terre, ici,
M'est apparue pour la première fois
Non plus tel un fourgon plein de bestiaux,
Ni comme, en feu, la demeure du père.
Que la fumée des villages abandonnés,
Fumée du sol natal, sans regret
Se détourne de moi car je suis lasse
De la fumée,.lasse de l'incendie.

La Seine est verte et sur les berges
Les vents fredonnent en toute liberté,
La Seine est verte et sur les berges
Vie et mort nous attendent.
Par-delà le cimetière, par-dessus la cité
Quel espace, terre transfigurée,
Champs Elysées que le regard
Ne saurait embrasser !
On y flâne. Un mendiant claudique,
Une belle se pare de son châle,
Un larron ausculte les verrous
Et les persiennes d'un cousu d'or.
Le cousu d'or, lui, ne déambule pas,

Il nous dépasse dans sa voiture,
Et nous balaie d'un regard froid
Derrière son monocle.
C'est d'ici que chaque soir, flânant,
Ivre du bruissement des places,
L'âme prend son envol. Et n'a besoin
D'obscurité, ou de silence,
Elle qui rêve de nobles rendez-vous :
Dans le tumulte et l'éclat de la nuit,
L'éternité me hante.

Vingtième siècle, mes vingt ans...
Il ne me revient plus, le songe inoubliable,
Mémorable vision qui m'apparut
Dans les vérités et les mensonges de la vie.
Désormais je ne vois plus, la nuit,
Surgir les visages d'antan
Ni les années sentimentales.
Le songe a remplacé les rêves anciens.
Une fois seulement en rêve j'ai revu
La route délavée par la pluie,
Les ornières au crépuscule,
D'affreux trous de poussière,
L'ample vague des blés,
Et le silence sur les champs...
Ce ne fut qu'une fois. Tout ce qui brasillait
A disparu de ma mémoire.
Et ce n'était pourtant pas rien,
Mes compagnons en ont perdu la tête.
Dans les caves et les greniers,
Les forêts allemandes et les salles du Louvre,
Ils traînent leur vaine mélancolie.
Ce ne fut pas mon cas.

Le printemps manqua au rendez-vous,
Le froid mordait encore en avril.
Et les feux d'artifice d'été,
Cette année-là, au-dessus de la ville,
Disparurent à travers les nuages.
La tour Eiffel décochait sa réclame.
Cette année-là, les ponts tremblèrent
Sous le pas des badauds aux yeux ronds
Venus, tambour battant, pour l'Exposition.

Les fontaines filaient la lumière en silence
Puis éteignaient leurs arcs-en-ciel.
Les carrousels grinçaient en musique.
Deux semaines en suivant, à midi sur les places,
Les orchestres ont joué. Cette année-là,
Année joyeuse et détestable,
De bazars de charité, de tumulte,
Dans le tohu-bohu des bars
Sur un air de Belott, j'ai fait un songe,
Etrange, terrible et récurrent.

Je me souviens du premier jour de la Création
Comme on se souvient des années disparues,
De la Russie, sa pesanteur,
Sa place dans le monde, les titres, les épaulettes.
Des songes en moi
S'élèvent en tremblant.
Fermant les yeux, même le jour
Je vois le premier jour de la Création.
Je ne veux plus de ma patrie,
Je ne veux pas me réveiller
Hôte du Tsar des tsars,
A nouveau un esprit, ombre à nouveau,
Je vois le premier jour de la Création,
La première aube universelle...

Dans cette vie, le vagabond, le voyageur et moi
Nous n'avons besoin, je le dis, que de peu :
Nous ne sommes pas nostalgiques de notre patrie,
Ni de la casserole qui chauffe sur le feu.
Vingtième siècle, vingtième année
Se sont enfuis de ma mémoire.
Et m'apparaît au milieu de la nuit
La fête inoubliable de l'Eden,
Le souvenir de l'Univers.
Pour la deuxième fois, je vois
La vallée du Levant, le Jardin béni,
Et à nouveau j'entends bruire l'Euphrate...
O Midi de la vie !
                    O mes songes,
Vous m'êtes plus précieux qu'amitié et amour.

2

Mère Ténèbres, tu as ouvert ton sein
Et Dieu a dit : “Que la lumière soit !”
Et dans le néant du temps
Le Dieu de grâces
A vu que son pouvoir était grand.
Alors, les bras tendus
Avec leur ombre pâle et solitaire,
La tête et les genoux entourés de nuages,
Il a crié au vent :
“Là sera le monde, ma Création,
Ici la terre et le ciel.
Que la matière se meuve
Et que les cieux s'élèvent.”

Dieu ordonna : “Que les eaux s'écartent,
Que, par l'immuable loi de liberté,
Le mouvement vous soit donné :
Le flux, le reflux, la tempête.
Et toi, terre, couvre-toi de verdure,
De mousse, de graminées,
Et que tout arbrisseau
S'alourdisse de fruits.
Les fleurs épanouies répandront leur pollen,
A tous je vous fais don de l'espace et du temps.”

Et Dieu parla une nouvelle fois :
“Par l'esprit de ma bouche
Et par-dessus les cieux,
Allumez-vous dans l'heure, étoiles,
Apparaissez, comètes,
Brillez, lunes et planètes,
Que la chaude lumière du soleil se répande,
Que le jour soit !” Et il en fut ainsi.
“Que la nuit s'installe !” Et il en fut ainsi,
Et ainsi le soleil eut son couchant.

Le jour universel apparut,
Dieu étendit la main au-dessus de la terre,
Et, contemplant l'ombre et la lumière,
Il s'écria : “Anime-toi, poussière !”
Un ver se mit alors à grouiller

Qui célébra la gloire de Dieu,
L'oiseau étendit ses ailes dans les frondaisons,
Déjà le loup courait dans l'obscurité du sous-bois,
Et la louve dans la chaude nuit de son antre
Allaitait les louveteaux.
Le sixième jour vint à son terme
Et Dieu lui-même s'émerveilla
De voir ainsi le monde
Entrer dans la ronde
Et se soumettre au verbe divin,
Il lève encore le premier doigt
Et l'étoile jaillit au-dessus du lac.
Il lève le deuxième doigt
Et l'oiseau s'égosille au-dessus d'une fleur.
Il lève le troisième doigt
Et les étoiles, l'une après l'autre, s'illuminent.
Le quatrième doigt – tourbillon séculaire,
Dans le jardin, le rossignol s'est endormi.
Et voilà qu'Il étend la main,
Le calme se répand, le blé croît,
Un ange vole
En chantant sous la dextre de Dieu.

Maintenant le rêve m'emporte
Dans le passé.
Moi aussi j'ai été créée
Par la même volonté,
Dans la nuit des espaces, dans l'épaisseur des temps
Je me suis dressée au cœur du paradis.
De mes yeux j'ai vu poindre
Le premier orage,
La première averse annonciatrice de l'aube
M'aspergeant par trois fois,
Et le premier rayon m'a baptisée
Qui fit de moi une créature joyeuse
Et d'essence divine.

Tout ce que je sais me fut donné
En ces premières heures de la Création,
Une loi me fut enseignée
Pour toutes les générations futures.
Il m'a parlé,

Et la loi était rigoureuse :
"Je plante cet arbre
A ta droite, Adam.
Un autre à ta gauche,
Je te les donne tous les deux.
Rien ne t'est défendu dans ce jardin,
O mon fils aimé,
Là où il n'y avait rien, l'abondance sera
Sur ces rivages de liberté."
Je lui répondis : "Ainsi soit-il pour l'éternité !"

Ce rêve m'apparaît à nouveau
Sans rien altérer du passé :
Je fus alors béni,
Destiné à vivre librement au sein du paradis.
Il ne m'avait rien défendu,
Moi, homme, le jour de la Création,
Je n'ai rien transgressé,
Ne connaissant ni tentation, ni culpabilité.

Et si je me trouve ici parmi d'autres,
Je ne suis pas en exil, mais en mission.
D'ailleurs je ne fus pas banni,
Je ne fus pas déchu !

3

J'ai vu le jour, j'ai vu l'instant
Qui sépare le jour de la nuit,
Brouillard vespéral d'un monde
Crépusculaire aux mille parfums.
J'ai vu le couchant flamboyant
Dans le murmure d'immenses fleurs
Au-dessus de la rive, et le jardin
S'apprêtant en douceur à la paix du repos,
L'ondulation des hautes herbes engourdies
Sombrant dans un sommeil paradisiaque,
Tandis que s'éloignaient, dans la brume lointaine,
Les bêtes chasseresses de la nuit.
Je dormais au centre de l'univers,
Couché sur une mousse tiède,
Tel un oiseau dans le buisson,

Un agneau sur la paille.
J'ai fait un rêve. Un rêve
Que les mots ne peuvent décrire.
A nouveau, j'y ai rencontré Dieu.
Pourtant ce songe était empreint
D'une angoisse terrible.
Je ne sais pourquoi,
Dans ce rêve indicible, il me semblait
Que la puissante Main s'efforçait
De m'enlever la côte droite.
Je me démenais, et tâchais d'agripper cette main,
Prolongeant ainsi la torture
Que j'appelais bonheur.
O mon bonheur originel !

4

Si l'envol poétique de l'âme
Est si apaisant, ne serait-ce pas
Que ce monde inachevé ne fut bâti
Ni en tel siècle, ni en telle année ?
Oui, les contradictions me sont douces
Et les réconforts qu'en ces jours sombres
M'apporte la poésie
Sont comme d'humbles cierges
Qui palpitent dans l'obscurité.
La poésie fait voir dans l'ombre noire
De la terre dévastée
Les signes d'un passé retrouvé
Et celui de l'esprit divin.
Elle habite par le rêve une ville immense
Et insouciante, et ce n'est pas une illusion
Mais une révélation prophétique.
Dans une vision bienheureuse
Il lui est doux alors de mêler
La misère, la vanité, le mépris
Au quotidien bien-être.
Est-ce pour cette raison que le songe,
Allant au fil tremblant des siècles, me rappelle
Ce vingtième siècle, cette vingtième année ?
Est-ce pour cela que, maintenant,
Je n'ai plus besoin de la maison lointaine,

Du pays oublié dans les neiges maculées,
Ni de la rude nourriture russe ?
N'est-ce pas qu'en toute conscience
Je nomme désormais patrie le Paradis ?

Je prends mon vol au crépuscule
Quand la ville gronde encore,
Quand le bourgeois rangé
Allume le gaz sous la soupe,
Quand les reflets des nombreux réverbères
S'évanouissent dans l'asphalte,
Quand s'élèvent, des places encombrées,
Des carrefours bruyants,
Les gémissements d'homme
Qui vont s'accrocher aux étoiles.

Je le redis, je ne suis pas en exil,
Je ne cherche pas ma voie,
Je ne suis pas en exil, je suis en mission,
Il m'est doux de vivre parmi mes semblables.
Ma vie, presque une simple vie,
Est une double vie. Quand je mourrai
Dans quelque grande ville,
Je retournerai dans ma Maison d'origine
Aux portes de laquelle je me blottis parfois,
Comme sur l'arbre la feuille avant l'orage,
Pour ensuite m'envoler, et survivre.

(1924-1926)

D. S. M.

Du labeur des aïeux,
Du grand-père et du père
Et du siècle passé
Votre coupe est emplie.

Vous avez ce trésor
Et nous le présentez,
Et nous, cercle bruyant,
Des siècles à venir vous entourons.

Ne laissez pas vos descendants
Vous enlever ce bien,
N'écoutez pas les discours mensongers
Inscrits dans les nouveaux refrains.

Frivoles et dépravés,
Vos descendants,
Convoitant la sagesse,
Renverseront la coupe.

Moi aussi je marche sur vos traces,
Et tends la main. Mon Dieu,
Fais tomber dans ma paume,
De grâce, rien qu'une goutte !

On m'apporte aujourd'hui
Une coupe remplie
Du mystère des choses
Dans le siècle passé.

(1926)

A la fenêtre, le peintre siffle et chante
Mignon et Carmen.
Le soleil d'avril paraît tout blanc
Sur les murs immaculés.

En bas, seules au fond de la cour,
De leurs feuilles en éventail,
Les plantes en pots s'inclinent
Dans la poussière et les cendres.

Notre cour bientôt me tiendra lieu
De forêts et de villes.
Ce paysage de craie
M'est donné pour toujours.

Comme à la barque, sa pauvre rame,
Comme au génie, la foule,
Comme à l'âne bâté sous le fardeau,
Un chemin escarpé.

(1926)

Je voudrais déposer à tes pieds ce monde terrible
Où le chanteur des rues nous tend son chapeau,
Où des anges au manteau usé jusqu'à la corde
Traînent sur les trottoirs sous une pluie funèbre.

Je voudrais déposer à tes pieds en cette ville
La loi suprême et le secret de l'univers,
Tout ce monde sauvage aux feux artificiels,
Dans lequel toi et moi chuchotons nos désirs.

Je suis unique au monde, et il n'est d'autre moi,
Tu es unique au monde, et il n'est d'autre toi.
Et nous n'avons qu'un seul amour, ô mon ami,
Jusqu'à la mort, jusqu'à la fin. Et à nouveau après la mort.

(1926)

7 AOÛT 1921

Je me souviens de ce jour-là. Il y a cinq ans.
En plein été, pluie et vent sur Pétersbourg,
Je me souviens, l'obscurité au jardin du palais Tauride
Et les rues dans une lumière de crépuscule.

Les premières fleurs sur la couverture du lit,
Calme et fraîcheur sous les paupières mi-closes,
Les traits fanés de femmes
Eperdues de misère et de chagrin.

Je me souviens de ce jour, triste et interminable,
Pleurs dans l'entrée, bousculade dans l'escalier,
Et par-dessus, trace funèbre, signe fatal,
L'ombre d'une vie promise à l'exil.

Moi-même, il y a cinq ans à peine,
Je m'y trouvais, j'ai contemplé le dessin bigarré
Des papiers peints, et par la fenêtre
Le jour s'effilochant sans avoir apporté de consolation.

Il y a cinq ans ! Où sont passés les ans
De jeunesse et de chaleur perdue ?
Tu t'interroges : Où court l'eau du printemps ?
Tu t'interroges : Où sont les étincelles du foyer ?

(1926)

GUITARE

Le soir, dans le brouillard
Des vieilles rues,
Parfois vient jusqu'à nous
Un air oublié de guitare.
A-t-on ouvert la porte
D'une salle où l'on danse ?
Ou la fenêtre s'est-elle ouverte
Quand une belle recevait un baiser ?

La musique répand
Sur la chaussée
Sa nostalgie d'un autrefois
De bonheur et d'espoir.
C'est un autre qui la joue
Ce soir au crépuscule,
Mais elle demeure
Ce qu'elle fut un jour.

Et toi ? Les années ont passé
Plus rapides que l'onde,
Mais tu aimes comme jadis,
Encore plus fidèle,
Encore plus tendre
Qu'à nos premières rencontres.
Ton désir est une souffrance
Plus douloureuse que l'aveu.

(1926)

Ce soir m'est encore trop vivace,
Ce soir m'est trop silencieux :
Seul est parfait l'horizon
Qui délimite au loin les eaux.

Mais comme la couture des étoffes
Il est trop régulier, trop rectiligne,
Il fait partie des confins de l'univers
Impossibles à nous représenter.

C'est par une même ligne droite
Que s'unit ton regard lumineux
A la lune s'élevant au-dessus des eaux
Et à l'étoile qui domine la cime.

Sans doute nous restera-t-il à comprendre
Avec quelle persévérance inexorable
Se dresse l'élan
Qui nous emporte vers ces sommets.

(Cannes, 1927)

Sans la tendresse des femmes, mes amis, comment vivre ?
Sans la beauté des femmes, qui donc aimer ?
Et qui donc éblouir de nos pauvres yeux ?
Vers qui tendre nos faibles mains ?

Surgissant dans les plis d'une immense toile,
Née dans des livres éternels,
Cette vision depuis toujours en toi
Te regarde et te tend son visage au front noble.

Que tu la nommes Laure, Juliette,
Ou encore Hélène, sans amour
Tu ne pourrais vivre. Tous nous portons ce rêve,
Nul ne peut se soustraire à l'amour.

(1927)

HUITAINS

1

Ce jour-là le soleil s'est couché, d'une extrême lenteur,
Les maisons et le jardin désert noircissaient dans le rouge.

Cette nuit-là le cœur n'en pouvait plus de tant d'étoiles,
Sur la chaude et vaste nuit, nous avons ouvert les fenêtres.

A l'aube un vent léger nous apporta la fraîcheur de la mer.
Les glycines et les roses ont déployé trop de couleurs.

Je suis parti cette nuit-là, tout à notre destin,
Tout à l'amour, à moi, à toi.

2

Demande et je te répondrai
D'un "oui" sans équivoque.
Dis-moi où te rejoindre
Et je viendrai.
Dans les rues vaporeuses et puantes,
Où la pluie martèle le pavé,
Tu me diras : Comme il est beau
Ce jardin, quand tu es là !

3

Dans la vieille maison, silencieuse et déserte,
Sur tes genoux serrés, tendrement

Enfouir mon visage dans tes paumes
Et remercier de cette longue captivité.

Arrête la pendule, le vent se taira dans la cheminée,
L'étoile interrompra sa course dans les nuages.
Approche tes merveilleuses lèvres
Et retiens les années qui s'échappent.

4

Point n'est besoin de tant de discrétion,
Mais comment tout oser dire ?
Je suis née pour respirer
Une joie éternelle,
Je suis née pour vivre
Une jeunesse inassouvie,
Et dans une liberté sans loi,
Pour choisir et aimer.

5

Il m'arrive d'être lasse de tant de bonheur,
De souhaiter l'angoisse et la douleur.
L'envie parfois me vient de serrer
Tes mains si fort qu'elles en pâliront,
De peser mon destin, le mien,
Moi qui, dans l'ombre, ai pu
Pousser jusqu'à l'extrême limite
La vie qui m'était échue.

6

De mon orgueil passé, de mon rêve de solitude
Je subis le châtiment car je suis à jamais amoureux.
Du mystère des mystères qui s'ouvre à moi
Je subis la vengeance car je suis à jamais dans les flammes.

Questionner l'avenir n'a plus de sens.
Comprends-moi, je n'ai pas la force de perdre,
Il m'est égal que tu sois près de moi ou non.
J'entends sonner les trompes, et vois la lumière éternelle.

(1927)

MÉMOIRE ÉTERNELLE

Dis-moi, te souviens-tu de la Russie,
Des rivages de ses huit mers,
Et d'un anneau de gros vaisseaux,
Dis-moi, te souviens-tu de la Russie ?

Je me souviens, je me souviens… Je suis de ceux
Dont la mémoire se meut comme un serpent,
Ceux à qui l'on pardonne leurs péchés mortels,
Mais à qui l'on ne pardonne pas l'oubli,
De ceux dont ne cesse le tremblement
Et dont la mémoire est plus tenace que la conscience.

Une allée verdoyante
Menait au cimetière lointain,
Au cimetière tout planté de lilas,
Où, l'été venu, le jour pouvait être si chaud.
Parfois tintaient les violettes en porcelaine
D'une couronne ou des œillets artificiels,
Fleurs brisées et délavées,
Alors que des roses vivantes, roses piquantes,
Faisaient un buisson d'odeurs sauvages.
La couronne de fer et les œillets
Sonnaient avec légèreté,
Quelqu'un marchait sur la mousse des tombes,
Quelqu'un marchait, quelqu'un pleurait
En murmurant :
"Adieu, adieu ma patrie,
Mon inoubliable chérie !"
Et les herbes contre la grille
Se pressaient indolentes et brillantes.

O vous, les années qui passez,
Encordez-moi avec des souvenirs inaltérables.
Il y avait une vaste maison, des gens, des livres
Et la lumière envahissante du jour.
Moments de solitude, sursauts de volonté,
Amitiés secrètes dans la bruyante école.
Les rêves succédaient aux rêves,
Pareils aux vives hirondelles.
Mais quand, soudain, le crépuscule
Assombrira la fenêtre,
La maison deviendra toute rose,
Des lèvres enfantines murmureront
Deux noms, qui comme le clairon
Appellent au combat.
Deux noms. Et en silence apparaîtront
Deux terribles et symboliques images :
Le cadavre tragique au bord du précipice,
Et cette neige autour d'un visage basané.
Deux ombres se dresseront alors,
Deux fantômes qui ne sont désormais que poussière
Et sont partis sans paix et sans adieux.
Il suffira de dire : Martynov et d'Anthès*.

Notre cœur a trop aimé
Les espaces clos par de vieux chemins,
Les sous qui tintent dans la coupe,
Le regard du mendiant : Dieu aie pitié !
La route se couvrira de poussière,
L'aveugle poussera très haut sa complainte,
Il s'appuiera sur le petit garçon
Et marchera dans ses pas.
Ils suivront leur chemin
Derrière le cimetière, derrière la vieille maison,
Des milliers de verstes familières
Que nous parcourrons, peut-être, à notre tour.

Le soir d'automne s'assombrit trop tôt.
Asseyons-nous près du feu de camp.
Dans la fumée et la brume accrochées aux pins

* Martynov, social-démocrate russe, prônait une révolution bourgeoise par opposition à une révolution paysanne chère à Lénine ; le baron d'Anthès a tué le poète Pouchkine au cours d'un duel. *(N.d.T.)*

Nous écouterons jusqu'au matin
Le récit terrible de la mort,
Le long silence de la vie,
Et le vent nous apportera, venu de loin
A travers champs et collines,
Le grincement fatal, inéluctable,
De la couronne mortuaire.

J'entends ployer l'immense croix,
J'entends gémir le clou rouillé,
Le vent, hôte de toutes les Russies,
S'élance à travers cet obscur pays,
Balaie les débris des violettes de porcelaine
Et les pétales ternes des œillets.
Que reste-t-il pour nous, que le tremblement ne quitte pas ?
Qu'est-il de plus charmant que les roses siciliennes,
Et de plus cher que la ligne blanche des Alpes,
Pour nous dont la mémoire
Est plus tenace que la conscience ?

(1927)

Et le bonheur sera souffrance,
Et l'amour trahison,
L'écume recouvrant les rochers
Ne laissera que sel sur le rivage.

En tombant sur la croix de la tombe chérie
Où les vers rongent les yeux éteints,
Plus d'une fois l'orage sacrilège
Violera la paix du disparu.

Qu'il en soit donc ainsi. J'avais pourtant rêvé
D'une vie ample, féminine et limpide,
Je ne puis me résigner ni oublier
Ses débuts tout ornés de présages d'amour.

(Paris, 1930)

Rappelle-toi les jours anciens
De nos belles années !
Rappelle-toi notre jeunesse
Dont ne reste ni l'ombre, ni la trace…
Mais nous sommes toujours en vie
Et nous pouvons regarder
Les tornades, instants inéluctables
Que nous avons su traverser.

Te souviens-tu qu'il nous advint
De nous déchirer jusqu'au sang ?
Repartons à zéro,
La faim, l'amour.
Ne me dis pas
Que nous n'en avons plus la force :
Le monde est toujours d'une même beauté,
Aussi poignante, aussi farouche.

Même si tu es à présent assagi, assombri,
Même si je ne suis plus aussi belle,
Prête l'oreille quand tu veilles,
Entends l'âme pleurer.
Et pourquoi pleure-t-elle ?
Car elle est à nouveau prête
A la charmante errance,
Au misérable amour.

(1930)

ÉPIGRAPHE

Si j'avais voulu me protéger
Du feu universel,
Auprès de toi je me serais à jamais réfugiée,
Et tu m'aurais cachée.
Si j'avais eu peur de la vie,
De la mort, de l'ennui, ou de la vanité,
Auprès de toi je me serais à jamais réfugiée,
Et tu m'aurais consolée.

Mais en ce monde, excuse-moi,
Je ne cherche pas le bonheur.
J'ai avalé tant de poisons
Que la paix n'est plus mon souci.
J'ai goûté tant de libertés
Qu'on ne pourra plus me soumettre,
Et que mon cœur par un amour à mort
Ne sera plus tenté.

Ne me juge pas sur les chemins
Que je prends, ces voies obscures
Où l'on ne trouve pas, c'est sûr,
D'êtres pareils à toi, le meilleur d'entre tous.
A ce dernier aveu,
Très cher, ne réponds pas,
Donne-moi simplement la main,
Et adieu, adieu, adieu !

(1932)

Je voulus aimer en échange d'une vie perdue,
Mais l'échange était impossible.
On peut beaucoup oublier, beaucoup pardonner,
Mais on ne peut se dévouer à ce qui est insignifiant.

Mon orgueil n'est pas fondé sur de légers succès,
J'ai payé le bonheur du prix de ma tranquillité.
Car qui m'a jamais dit "ne pleure pas" ?
Et de personne encore je n'ai demandé le "pardon".

Au son d'une flûte, le serpent se balance sur un bâton.
L'épi suit l'autre épi dans son aveugle chute…
O ma solitude, tu règnes sans partage, et toi,
Insoumission, ton implacable voix s'impose.

(1933)

EXTRAITS DE *NOTRE CŒUR*

PREMIER EXTRAIT

Le cœur ne peut cesser d'aimer.
Le jour a beau se perdre et les années se suivre,
Le cœur bat toujours,
Lui qui écoute fuir le temps et couler l'eau.
Le cœur vit toujours.
Sur la place, l'avaleur de sabres
Couvert de blessures
Nous divertit encore, mais on ne sait pourquoi.
Et ce prestidigitateur,
Enflammé comme une comète,
La bouche cruellement brûlée,
Nous rappelle ce cœur
Qui n'a pas la force de cesser d'aimer,
Et qui s'obstine à vivre Dieu sait pourquoi.
Si fragile et si menu,
Il ne respire pas, il tremble,
Et semble si délabré sous le poids
Des ruines, des humiliations.
Bancs de sable, mers, estuaires…
Le cœur continue de battre,
Il ne cédera pas sous la botte,
Le feu ne le consumera pas.
……………………………………………………

DEUXIÈME EXTRAIT

Nous nous sommes perdus, nous avons traversé
Le monde et ses bancs de poussière,
Et avec nous, emportées par l'écume,
Les Aphrodites défigurées,
Le Tsar au nez coupé, le Dieu manchot,
Tout ne fut qu'un soupir.

L'impitoyable marche de la vie,
Je ne peux la corriger, ni l'inverser,
Ni repousser les mille yeux de la mémoire,
Je ne peux me tromper moi-même.
Tout te concerne : la lenteur des nuits,
Le déboulé des jours, et ces yeux
De plus en plus bleus, de plus en plus beaux
Qui brillent dans ma mémoire.

Oui, nos vies furent différentes.
C'était ma fièvre contre ta froideur,
Ta colère contre ma tendresse, et mes désirs
Ont embrasé nos cœurs.
Mais toi, tu ne te noies pas en riant,
Tu ne meurs pas dans le brasier,
A moi seule est échu de périr
Dans un tourbillon sans loi.

Mais, dans mon combat sans fin avec le temps
En ce monde où nous nous sommes tant aimés,
Laisse-moi réfléchir,
A toi, à moi. Aux larmes qui coulèrent,
Aux soupirs de la défaite.

Et quand viendra la nuit,
Quand tu disparaîtras telle Aphrodite,
Quand je disparaîtrai comme toi, comme tous,
Alors, que ce qui fut, ne serait-ce qu'une fois
Dans toute sa splendeur,
D'un coup de hache m'ouvre la mémoire
Aux soupirs et aux larmes du monde.

TROISIÈME EXTRAIT

Ne m'écris pas, ne gaspille plus les mots…
Imagine la nuit un voleur dans une maison :
De la commode au buffet
Il erre dans la chambre obscure,
Jusqu'à trouver l'argenterie.
Mais l'eau qui s'égoutte dans un seau
Réveille la propriétaire
(Les clés ne sont pas sous l'oreiller).
Affolement, cris… Le voleur est plus leste
Qu'un chat de gouttière. Vite, attrapez-le !
Il a tout emporté, et il a disparu.
Tout comme lui (inutile de crier)
Par la cour et le jardin assoupis
Je viendrai te cambrioler.

Le haut rivage dort dans la nuit,
Plus bas la mer est bleue,
La nuit berce l'épaisse bruyère,
La lune semble une larme
Dont le reflet tremble sur l'eau
Et, penchés sur le mystère de cette eau
Qui s'est transformée en mercure,
Les pins méditent devant la mer.
Dans la nuit monte l'écho lointain
D'une douce et crispante musique.
Dans la villa muette – fenêtres closes, verrou tiré –,
Tu dors insouciant tandis qu'au-dessus de toi
Vole un essaim d'ombres et de songes.

Entre les lilas en broussaille
Je gravis en douceur les marches du perron,

J'ai dérobé les clés, je cours à travers le salon,
Plus légère qu'une ombre,
Silencieuse, dans l'obscurité,
Jusqu'à ta porte. Tais-toi, tais-toi !
Les tapis assourdissent mon souffle.
La dissolution de notre rencontre
M'attend derrière cette porte.
Toi, tu ne sais pas que l'heure du voleur
Est aussi celle des rencontres défendues.
Et là sont tes yeux, tes épaules,
Et ta bouche tordue par la peur.

Je ne saurais supporter cette rencontre,
Ni soutenir un tel bonheur
Qui serait la revanche de la passion
Sur toutes tes séductions.
Ecris-moi, et ne crains pas les mots,
Mes pieds ne fouleront
Ni les fleurs, ni la bruyère, ni l'herbe.
Ouvre grandes les fenêtres
Sur cette nuit de lune et de menthe.
Le voleur solitaire, le voleur honni
Est loin déjà de la blanche villa.

Là-bas, dans la ville, le cœur nocturne
Bat silencieusement. Régulièrement.
Il vit, tissant sa trame
Au creux des ruptures immémoriales.
Il ne peut survivre indéfiniment
Au fol assaut de la mer.
Il ne peut exister en ce monde
Un tel bonheur, un tel chagrin.
Tu as purifié ta mémoire
D'une vague douce et fraîche.
Au bord de l'oubli,
Tu te sens libre.
Tout est oublié, tout est fini,
Au pays que la mer éclabousse d'écume
Tandis que dans la ville
Le cœur nocturne et solitaire palpite telle une aile.
Sa trop douce cadence m'effraie,
Il ne désire rien,
Ni la jalousie, ni le crime.

Il fut un temps, lors des tempêtes du monde,
Où il battait pour deux.
Dans le crépuscule glacé de l'exil
Il n'avait pas encore tressailli,
Il battait, avec ferveur.
Lors de nos rencontres
Il sait si bien se taire,
Il n'ose frapper à la porte,
Sa soumission m'effraie,
Autant que sa cadence.
Laisse son battement cesser :
Le cœur n'aime personne.

QUATRIÈME EXTRAIT

La terre s'étalait, dorée,
Dans la douceur des champs qui se déploient.
Tel un oiseau le cœur planait,
Mais l'oiseleur avait pu s'installer
Dans le ravin, disposer ses filets,
Puis en silence ramper vers la lisière
Et poser un miroir sur le sol.
L'eau brillait d'un éclat d'acier,
L'alouette insouciante
Filait dans le bleu du ciel,
Un coup en bas, un coup en haut,
Et de sa gorge minuscule
Célébrait le gentil mois de mai.
Mais en bas brille un reflet du ciel
Dans la quiétude du blé mûrissant.
En bas, c'est le même soleil qu'en haut,
Le même et bel azur,
Dans le gouffre inutile,
D'azur et d'or,
Au milieu des fleurs, de l'absinthe et des mousses,
Reposent les cimes familières.

L'oiseau frappe dans le verre bleu
Dont la lumière éblouissante
S'empare de son âme pour jamais.
Dans le filet moisi, elle repliera lourdement
Ses ailes et ses paupières...
Mirage lyrique et solaire,
Je te remercie de tes mensonges,
De la perte immédiate des chemins,

Des portes ouvertes sur la mort,
De la fusion du ciel et de la terre,
Des cimes renversées.

O mon miroir nocturne,
Je m'effondre sur toi dans un son cristallin,
J'accepte la fatalité,
Je n'en peux plus d'amour.
Lorsque les flots du monde s'écartent,
Tandis que du Pamir
S'élève un noir météore,
Je me meurs d'amour et de chants,
Si ridicule, si merveilleuse
Et si triste que soit ma honte.

Vision millénaire,
Fin du monde, et toi et moi
En un imprévisible instant
Nous disparaîtrons, mon amour.
Tu disparaîtras tandis que, des ténèbres,
Je pourrai encore te bénir.
Les oreilles assourdies, je tomberai,
Accélérant ma chute,
Je tomberai à toute allure, mes os se briseront,
Je tomberai dans le gouffre profond,
Tel ce météore d'Asie.
Et telle l'alouette russe,
Je crierai, m'éclaboussant de sang,
Je m'éparpillerai, m'agrippant à la terre,
Dans mon miroir nocturne,
Pour te rejoindre, mon amour.

(1933)

1942-1962

SHAKESPEARE

O génie de Stratford, réapparais ! Reviens
En ce pays où l'Avon ne cesse d'étirer ses brumes,
Où les hommes sont pénétrés de l'ancienne grandeur,
De gravité comme de haute sagesse,
Où l'on ne t'attend pas plus que l'on ne t'attendait
Au seizième siècle. Entre dans le monde,
Vêtu de tes dentelles de Brabant, de ta vieille camisole,
Avec tes bottes usées sur tant de tréteaux.
Tu fus jadis aimé des rois,
L'idole et le bouffon de puissantes canailles.
Trois sorcières chuchotent en filant la quenouille,
Nées de ton imagination, elles tentent
De te faire revenir en cette heure terrible,
Quand la forêt birmane s'avance vers le Donzinan,
Et que se froncent les marécages polaires,
Quand l'arc-en-ciel se lève sur la Volga
Et qu'en un lieu, entre le lac Ilmen' et le Don,
Le Maître du monde regarde le destin dans les yeux.

Des légions se sont couchées par milliers,
Se mêlant aux squelettes des Tatars,
A ceux des Lettons, des Français,
Là où, naguère, fut la bataille de Koulikovo,
Et dans l'immense plaine de Poltava,
Là où, naguère, le premier empereur a jeté son regard
De la Néva jusqu'à l'Europe.
Elles se sont couchées et ne se relèveront plus.
Elles dorment paisiblement dans l'étreinte des Polovets,
Elles ont trouvé la paix auprès des régiments de Hédémon,
Auprès de l'ancienne garde de Napoléon.

Bientôt, ô bientôt,
Le blé russe murmurera… au-dessus d'elles…
Mais celui qui a ébranlé le monde,
Celui-là, sans toi, il ne pourra mourir.
O génie de Stratford, va vers lui,
Introduis-le dans la mêlée de tes terribles tribunaux,
Désigne-lui son dernier rôle !
Trois sorcières chuchotent en filant la quenouille,
Le fil est si ténu, et le murmure si mystérieux.
Ici la forêt de Koursk murmure autour du tyran,
Là, les chênes ploient, et la trame poursuit sa course.
On ne dort pas dans le palais impérial
Construit du temps d'Alexandre,
Le barbare moustachu et médaillé y vécut,
On y tortura en mil neuf cent dix-huit,
Un hôpital y fut créé en mil neuf cent trente et un.
Les parquets aujourd'hui sont vermoulus,
Sur les murs damassés, les portraits
Des belles aux yeux bridés nous dévisagent.
La forêt bruit autour.

Et le voilà qui apparaît,
Prêtant l'oreille à la tempête qui secoue la Russie.
Les vieilles lui tendront-elles un couteau ?
Ou bien le mèneront-elles en exil loin d'ici,
L'emportant tel un animal en cage
Vers Paris dépravé ?
La trame sort de l'ombre, puis rentre dans l'obscurité.
Elle court et le vingtième siècle reste hagard à nos yeux.
La tragédie n'émeut plus les cœurs,
La poésie, comme un aigle mort
Gît dans la poussière, la musique s'est tue,
L'amour ne boute plus le feu, la pensée est stérile.
Seul le sang coule, l'eau est en sang, l'air et la terre.
Nous sommes tous couverts de sang. Et lui,
Sans avoir goûté à la charogne passe pourtant sa vie
Comme nous, dans le sang jusqu'à la poitrine.
O génie de Stratford, ô pensée puissante,
Toi, tu es le sang de l'amour. Viens, aide-nous
A mettre un terme à cette traversée sanglante !

(Paris, 1942)

SÉPARATION

Une séparation, c'est comme un conte cruel.
Ça commence par une nuit
Et ça n'en finit plus.
Par une nuit de juillet
Les chevaux faisaient feu de leurs fers,
Des enfants insomniaques criaient,
Le coq s'époumonait à voir une telle aube
Dans les incendies crépusculaires,
La route courait derrière la poussière,
Et toi tu partais. La séparation,
C'est comme un conte cruel :
Lorsqu'on s'en va au-delà de la mer,
Elle n'en finit plus.

La séparation, c'est comme le grincement nocturne
Des convois. Ils disparaissent à tout jamais
Dans les fosses profondes des prisons,
Dans les geôles glaciales de Buchenwald,
Dans l'enfer typhique de Ravensbrück.
Je me souviens comme tu t'arrachais
A ce doux monde,
Je me souviens comme tu souriais,
Comme tu bénissais tous ceux autour de toi,
Moi, le ciel verdâtre,
La ville, les passants...
La séparation, c'est comme le fracas
Des roues – sur le cœur.

La séparation, c'est comme une longue plainte
Que l'on bourdonne pour quelqu'un :
C'est la complainte du siège de Moscou,

Cerclée comme d'un anneau
Par le tir des canons
Sur les monuments, sur les palais,
Sur les cadavres, sur la glace,
Pendant que là-bas,
Au rivage de la mer bleue
Vivaient un vieillard et sa vieille…
(Souvent, de ses dentelles,
Ma mère m'essuyait les yeux.)
La séparation, c'est comme une longue plainte
Quand les rencontres n'existent pas.

(1945)

Petits équipages. Chiens minuscules. Silence.
Air dominical de la grande ville.
Voici le printemps, une fois encore le printemps
Dans les ramures du jardin public.

Une voix chante : “Par sa mort il vaincra la mort.”
Que m’importe qui a raison et qui a tort,
Mon amour veut se dissimuler
Dans le tremblement de tes cils,
Et dans le chant des oiseaux printaniers.
Mon amour craint la nuit.

(1947)

NUIT BLANCHE

L'horloge s'est arrêtée, les poids
Sont immobiles. Nuit plus claire que le jour.
Temps aboli. Il n'est ici que mer et feu,
Et l'aurore figée dans l'incendie. Silence
Tout au long des rivages.
Temps aboli. Lune inscrite
Dans le miroir du ciel. Air transparent
Et immobile. Immobile la pesanteur.
Les désastres comme les ans sont devenus légers,
La mouette glisse sous le ciel.
Harmonie. O l'effrayante harmonie.
L'absence de passion épouvante mon cœur.

(Hemmarö, 1948)

RÊVE

Souvent je rêve d'une ville
Qui ressemblerait à Anvers,
A Göteborg.
Un tramway descend de la colline
Le long d'un boulevard bruyant,
Un navire est amarré dans le port,
La musique monte
D'un restaurant à la mode.

J'entre sans me presser
Dans un quelconque estaminet
A l'enseigne bleue.
Deux hommes avec entrain
Jouent au billard.
Ça sent la bière et le poisson,
Quelqu'un danse
Au son du gramophone.

Un daguerréotype
Est accroché au mur :
Il représente un marin
Arrogant et moustachu,
Quelque hardi bourlingueur
Portant habit, décoration,
Une cravate lavallière,
Un ruban déjà centenaire.

La brume tombe,
La fête se termine,

Le capitaine observe
L'ivresse sans éclat.

La bille de billard carambole
Et tombe dans le trou,
Mon âme s'interroge
Sur l'étrange destin.
D'où venait-il, où allait-il
En parcourant les mers ?
Savait-il le moyen d'apaiser
L'éternel désespoir ?

Je sors. Tout est
Comme j'ai toujours aimé :
Au loin la jetée, l'obscurité,
Le scintillement de la lumière dans la nuit.
Ah, rester ici toujours,
Anonyme, libre…
Un vaisseau s'éloigne à l'horizon,
L'eau clapote.

Aujourd'hui j'ai encore rêvé
De la ville pareille à Anvers,
Pareille à Göteborg, qui m'est
Depuis longtemps familière.
Comme je pénétrais
Dans le bar à matelots
J'en trouvai deux qui jouaient
Au billard avec entrain.

J'ai demandé : Quel est, au mur,
Cet imposant capitaine ?
Peut-être, je… Mais non,
Il n'avait pas d'enfants !
Ce célibataire est mort au loin
Sans laisser de descendance.

Et s'il avait eu des épouses,
Et s'il avait eu des enfants,
Alors, ce serait quelque part,
Dans l'un de ces pays chimériques
Qui n'existent plus
Et n'apparaissent pas dans les rêves.

Dans quelque port
Dont le nom a changé,
Dans quelque recoin
A jamais englouti de l'univers...
....

(1949)

LE DRAGON

Chez mon dentiste
Un crocodile et un renard
Trônent dans la triste salle d'attente,
Au mur un grand dragon doré
Est suspendu
Chez mon dentiste.

Le crocodile n'a pas loin de cent ans,
Le renard, presque quarante ans,
Le dragon, lui, mille ans.
Dans la salle poussiéreuse
Où attendent les gens
La lumière électrique brûle.

Le crocodile fut rapporté
Des sources du Nil
Par l'aimable grand-père.
Le renard fut tué
A la chasse dans les Ardennes
Par l'aimable papa.

Le dentiste lui-même
Entre la première et la deuxième guerre
Courut la Chine
Pour se désennuyer, visita Hanoi et Shanghai
Et acquit le dragon à Shanghai.

Entre la deuxième et la troisième guerre
Il s'est mis à soigner les dents.

De toutes parts, dans son cabinet,
Les fausses dents lui sourient.

Entre la troisième et la quatrième guerre
Sans doute ne sera-t-il plus de ce monde.
Entre la quatrième et la cinquième guerre
On l'aura oublié.

Dans la triste salle d'attente,
Il fait froid l'hiver
Et une nuit
Le renard, de sa queue vaporeuse
A recouvert le crocodile.

Ils sont tous deux
Bourrés d'une même sciure.
Quant au dragon, toujours seul sur le mur,
Il est vieux et furieux. Et se demande :
Où serai-je accroché
Entre la sixième et la septième guerre ?
Mais pourquoi donc les gens crient-ils si fort
Quand il est si simple de patienter ?

(1950)

Le dernier poète de Russie
A la tête blanche et en sang.
Donnez-lui à boire – il vous lira ses vers
Et se souviendra du passé.

Comme en mil neuf cent treize... La vie s'écoulait
Entre les doigts d'une main affaiblie,
Des souvenirs de cabaret circulaient
Parmi les femmes amoureuses de lui.

Comme en mil neuf cent treize, en cette dernière
Et inoubliable année de liberté,
Quand il s'asseyait chez Blok dans l'entrée,
Et dormait dans le jardin de Volochine.

("Je me suis cogné la tempe à la vie,
Ça ressemblait à un poinçon
Et ma tronche d'ivrogne en fut éclaboussée,
Tant de nuits que je n'ai pas dormi !")

Sa fin ne saurait tarder.
Ce sera quoi : le cimetière, la prison, l'hôpital ?
Aujourd'hui, à demi mort, transparent,
Il marche encore, comme si de rien n'était !

Il salue, claque des talons :
– Le dernier poète de Russie !
Si vous vous approchez de lui
Il vous dira : Il n'y a plus de Russie.

N'ayez pas honte de lui tendre la main,
Regardez-le dans le profond des yeux,
Ne fuyez pas, ne faites pas le signe de croix,
De toute manière, il vous apparaîtra encore en rêve.

Baisez plutôt les marches
Où son pied s'est posé,
De vos bras entourez ses genoux.
Car jamais plus, jamais plus, jamais plus.

(1950)

Deux demoiselles, l'une avec tresse serrée,
L'autre, cheveux à la garçonne après une rougeole,
Main dans la main vont le long de l'allée.
Qui sont-elles ? Le soleil décline,
L'ombre s'allonge dans l'allée,
Les pierres sèches ont blanchi.
Qui sont ces demoiselles ? Peut-être toi
Et moi, et nous aimons marcher ensemble.
La maison est loin, le paradis presque à côté.
Deux jeunes hommes viennent vers nous :
Mon frère aîné, vieil ami, complice de jeunesse
Des années disparues, et ton père.
Ils nous ont quittées prématurément.
Ils ne nous quitteront plus désormais,
Ils nous protégeront de tout,
De cette vie, et de tout ce qui fut,
De ce qui est et de tout ce qui viendra.
Ne prenons pas cela pour argent comptant.
Nous sommes si souvent passées par cette allée,
Main dans la main. Toi, les cheveux coupés à la garçonne,
Moi avec une tresse. Nous avions dix ans,
Et le ciel nous a reçues dans une paix éternelle.

(1950)

A LA MÉMOIRE DE Z. N. HIPPIUS

Dix ans ont passé depuis que j'ai ouvert
Le coffret qui contenait ses lettres. Aujourd'hui
J'en ai soulevé le couvercle. Les voilà, ces feuillets pâles
Qu'elle m'avait un jour écrits d'une main fine,
Pour mon plus grand bonheur.
Un papillon s'était aventuré à sommeiller
Dans la poésie, parmi les mots oubliés.
Cinq ans peut-être, et peut-être dix ans…
Or soudain, entrouvrant ses ailes orange
(qui rappelaient la rousseur de ses cheveux)
Il s'est échappé des années obscures,
S'envolant par la fenêtre vers le soleil,
Vers un jour de lumière, un aujourd'hui d'azur.
On aurait dit que j'avais fait basculer
La pierre tombale de celle qui depuis longtemps
Dort d'un sommeil profond.

(1950)

LA MER DES CARAÏBES

Ici commence le Gulf Stream
Dans les feux de l'aube et du crépuscule.
Mouratov m'en parlait
Quand nous déambulions dans Rome.

Là-bas commence le Pamir,
Le Pamir qui nous a dispersés par le monde.
Nous n'y sommes pas retournés,
Le Gulf Stream a séduit notre cœur.

Il nous a nourris de sa force,
Naguère il éveilla notre lucidité
Dans les feux de l'aube et du crépuscule,
Et depuis lors notre esprit s'en est éclairé.

Regarde-le bien. N'est-il pas admirable ?
N'est-il pas un symbole ?
Regarde, regarde-le bien, Russie,
Et ressuscite du fond des âges.

Proconsulat ou triumvirat –
On ne peut plus revenir au Pamir. Et qu'importe
Lequel des deux, dans l'incendie crépusculaire,
Tient le monde par son étreinte ?

Si riche était le Midi romain,
Si rempli de présent, de passé
Que je n'ai pu oublier
Nos propos en ce jardin romain.

Neptune marmoréen marquant l'entrée,
Surgi du plus profond des eaux,
Voici ces eaux dont le flot irrésistible
T'a menée dans mon pays, Liberté.

(1956)

Le petit enfant gazouille
Que Dieu n'existe pas,
Et les gens qui l'entendent se disent :
— Qui donc a pu lui révéler le secret ?

Le secret s'est glissé dans l'imagination,
Le secret s'est glissé dans le doux songe,
Et n'en sortira plus,
Car de ce songe on ne s'éveille pas.

A quoi bon l'allusion sacrilège ?
Gardez mieux vos secrets
Car du calice vénéré
Il reste encore un tesson.

(1956)

Les arbres bruissaient. Le passant chancelait.
— Un cancer ? Le cœur ? Le cœur ? Un cancer ?

L'amie se pendait au bras impuissant,
Elle pleurait, d'un infini chagrin.

Les arbres bruissaient comme s'ils s'efforçaient
De s'arracher au sol, de prendre leur envol, de fuir.

Ils marmonnaient sans fin :
— Il est temps de se séparer. Je crains la séparation.

Et la nuit survint. Et d'immenses nuages
Apportèrent la paix dans ces ténèbres revenues.

— Un cancer ? Le cœur ? Le cœur ? Un cancer ?
O murmure des amants ! O larmes humaines !

(1956)

L'employé demanda : Aller et retour ?
— Aller seulement. D'une voie sans retour,
D'un lieu d'où le malheur nous chasse,
On ne revient jamais.
L'employé s'étonna : il mourrait, lui, où il était né.
L'ouragan ne l'avait pas menacé,
L'orage n'avait pas éclaté au-dessus de sa tête,
Seuls des trains étaient passés devant lui.
Adieu, l'employé ! Tu as fait ton travail,
Merci pour le billet, pour la monnaie sonnante,
Pour la promesse des jours heureux,
Pour le jeu des lumières dans la gare.
Mais il me semble que cela s'est passé déjà :
Une dame disait avoir oublié son parapluie,
Un enfant tentait d'échapper aux mains qui le retenaient,
Un ami s'approcha de la fenêtre :
— Tu veux y retourner ? — Retourner où cela ?
Je n'ai nulle part où aller. Tout est sans retour.
Seule la mémoire retient un sifflement de voix :
Adresses, adresses, adresses, adresses.

(1956)

A la nuit, la pendule s'est arrêtée dans la salle à manger,
Les invités ont bu le dernier verre de vin.
Il parlait, nous gardions le silence
Et l'écoutions tranquillement.

Il disait Shakespeare mauvais,
Les ânonnements de Bach fâcheux,
Il disait que le monde assourdi
Aspirait à des quatrains de silence.

Dans son genre, il était poète,
L'aube sans retour
D'une nouvelle ère se levait
Pour mille ans ou plus.

(1956)

LUNE

La lune voulait se manifester la nuit
Sur le cadran solaire, mais elle n'y parvint pas.
Longtemps encore elle s'est efforcée
D'une manière ou d'une autre
De faire connaître les idées qu'elle avait
Dans son immense cerveau d'argent.
Mais rien n'y fit :
La tige du cadran ne s'est pas déviée,
L'ombre pas inclinée.

Longtemps le jardin pétrifié observa
Cette souffrance que les fleurs
Regardaient dans l'effroi.
Plus jamais – des millions d'années –
La lune n'a tenté de s'exprimer.

(1959)

CASSANDRE

C'était au temps
Où nos parents,
Entre boire et dormir,
Jouaient avec l'idée de l'immortalité.
Il y a longtemps qu'ils sont entrés
Au paradis par le chas d'une aiguille,
Et depuis, sur un lit d'épines
Ils nous attendent.

En ce temps-là
Les gens se rendaient visite.
Une femme habillée à la mode
Et qui tentait de rester jeune
Venait parfois s'asseoir à la table du thé,
Elle parlait haut et fort,
Et lisait l'avenir dans le marc de café.
Les hommes l'écoutaient avec condescendance,
Et les femmes – pas très belles et jalouses –
Considéraient qu'elle gesticulait beaucoup,
Qu'elle se répétait sans cesse
Et buvait un peu trop.

Tant qu'on ne les emmenait pas dormir
Les enfants du maître de maison
Se tenaient à la porte et contemplaient
Le chapeau orné d'un funèbre plumet,
La main étroite couverte de bagues,
Le collier de perles fausses
Et les yeux d'un bleu sombre, si sombre.

Où est-elle aujourd'hui, la pythonisse,
Ridiculisée, oubliée ?
Pour qui, et de quelles vieilles croyances
Sont encore parfumées ses soieries ondoyantes ?

(1959)

JE DEMEURE

Je reste avec des mots imprononcés,
Des chants interrompus, des jeux inaccomplis,
Des textes inachevés dans la société muette,
Dans la communauté discrète de ceux qui n'ont pas réussi,
De ceux qui ont vécu de conciliabules bruissants
Et aujourd'hui parlent à voix basse.
Dans notre jeunesse, on nous avait pourtant prévenus,
Mais nous ne voulions pas d'autre destin
Et, après tout, ce ne fut pas si terrible.
Il arrive même qu'on nous croie sur parole,
Nous qui avons passé le temps des rires et des danses.

Nous n'avons pas réussi, mais tant de choses
Vont à l'échec.
Par exemple, toute l'histoire du monde
Et aussi, m'a-t-on dit, l'histoire universelle.
Pourtant, ce n'est pas faute d'avoir épilogué
Alors que nous étions emportés par la tempête !
Que disions-nous ? Est-ce si important ?
Il y a longtemps qu'à la gare nos bagages furent volés
(c'est ce qu'on nous a dit), que les livres furent brûlés
(c'est ce que nous avons appris), que la rivière s'est tarie,
Que la forêt fut abattue et la maison incendiée,
Que le chardon a envahi
Les tombes (c'est ce qu'on nous a écrit),
Et que le vieux gardien depuis longtemps ne travaille plus.

Ne séparez pas la forme du fond,
Et permettez-moi de dire encore, en guise d'adieu,
Que nous nous sommes résignés à notre destin.
Quant à vous, poursuivez votre intrépide marche,
Défilez en sections, saluez les anciens.

(1959)

L'HEURE DE DORMIR

Nos pères reposent dans leurs tombes,
Nos mères sont nourries à la cuiller dans les hospices.
Nous sommes les derniers,
Attendant notre tour,
Non pour un long voyage
Mais pour un proche *rien*.
(Prenez soin de nous !
Ne nous oubliez pas !)

Si vous voulez savoir avec une précision
Toute scientifique qui nous sommes,
Alors, ce soir, cherchez le petit astérisque
(Dans le dictionnaire encyclopédique),
Vous trouverez une note en bas de page
Attestant notre pérennité.

Inutile de venir nous chercher.
Nous nous éloignons seuls.
Il est déjà tard. Tard. Très tard.
Pour les enfants de Russie, il est l'heure d'aller dormir.

(1959)

LA SAUTERELLE

Une fillette passe,
Pareille à une sauterelle.
Moi aussi, je fus naguère
Pareille à cette fillette.

Le monde était plus jeune,
Il y avait quantité de sauterelles et de fleurs, partout.
Est-ce donc possible ? C'est possible,
Mais il n'y a pas de mots pour le décrire.

On me dit : Maintenant c'est pareil.
L'histoire piétine tandis que nous foulons les jardins.
Et si le monde était plus jeune…
Mais nous l'étions aussi.

Passez votre chemin, garçonnets et fillettes,
Allez où vos yeux vous portent !
Je fus moi aussi pareille
A une sauterelle.
Moi aussi, j'ai existé.

(1959)

Il y a des liens, des filets,
La lourdeur du bonheur,
Ce sont chaînes de plomb.
Mais moi, je pars sans laisser d'attaches.
Je porte mes fers comme bracelets,
Une couronne d'épines en guise de tiare,
Et toutes les humiliations, vexations et douleurs
Tintent comme son collier au cou de la bohémienne.

Longue vie soit donnée
A mes précieux amis,
Mais à mes ennemis, rien qu'un jour.
Pas un jour où vous ne m'envoyez au bûcher,
Vous, les Ferdinand, les Charles, les Philippe.
Regardez : j'ai grandi dans un parc,
J'étais une sorcière ordinaire
Quand vous m'avez connue.

Il y a encore des liens et des chaînes
Pour les forçats du bonheur
Cloués au monde,
Enchaînés à la terre.
Le bruit des fers est plus doux que la musique de Mozart,
L'acier lance des éclairs d'émeraude,
Et le clou dans la paume – c'est un saphir.

Il y a des étincelles, des éclairs,
L'électricité de nos caprices,
Les feux de notre concupiscence, l'incendie de nos désirs,
Et la loi du secret.

Pourtant les fers me sont aussi légers
Que l'instant de la séparation,
Les nuits de doute,
Et le fantôme qui perturbe mes rêves.

(1961)

Rien sur le vase, rien sur la rose dans le vase :
C'est interdit. Défendu !
Décidé à la majorité,
Et moi-même j'ai voté "pour".

Que dire des tessons ? Ils auraient oublié ?
Le vase fut cassé,
La fleur brisée,
Mais les tessons ?
Qu'a-t-on décidé ?
— Bien entendu, c'est défendu aussi.
J'ai là encore voté "pour".
(Lecteur, j'étais alors plus jeune…)

Dommage !
Avec les tessons on aurait pu reconstituer le vase.
Vois, dans ce récipient familier
La bardane aurait pu refleurir
En dépit, lecteur, de cela
Et de ceci. En dépit de tout,
En dépit de mon vote
Et de ceux qui aiment interdire.

Que faire de cette bardane interdite ?
Où la mettre ? Où voulez-vous que l'on mette
Le récipient ? Le casser à nouveau ? L'enterrer ?
Le jeter au-delà des trois mers ?
(On ne compte plus les mers qui nous entourent.)

— Oublions cette horreur !

Mais il existe quelqu'un qui attend les débris :
Il me reconstituera sur ce modèle,
En dépit de tout,
En dépit de mon désir,
En dépit de mon vote et des vôtres.

(1961)

MESSAGE POUR L'AUTRE BORD

Enfants, petits enfants,
Mes perles noires,
Vous qui n'avez connu ni vos aïeux ni vos pères,
Mes orphelins
"En colère", encore jeunes,
Barbus, "battus" et ridicules,
Vous êtes rares
Comme diamants bleus,
Et comme perles noires.
Votre patrie est pour vous un pays étranger
(Pour moi l'étranger, c'est ma patrie),
Vous êtes les surgeons de la Russie,
Porteurs d'une noblesse
Que personne n'a reconnus.
Vous n'êtes ni riches, ni célèbres,
Vous n'avez reçu ni récompense
Ni datcha.

Je converse avec vous, rien qu'avec vous :
Le vingtième siècle avec ses lourds nuages
Nous tombe sur la tête.
Vous, vous verrez le vingt et unième siècle.
Moi, non.
Vous verrez le *crépuscule sanglant*
Et moi, j'aurai vu l'aube.

Vous êtes poètes, moi aussi,
Ceci n'est pas un dialogue – c'est un monologue,
Mais vous m'entendez.
Merci de respirer,

De vous être souciés de moi,
De m'avoir nommée par mon nom,
De l'avoir prononcé, et de vous être tus.

Je répète encore et encore
Vos quelques mots,
Et dans mon insomnie
J'emporte votre silence.
Je ne prie jamais,
Je n'ai peur de personne,
Je ne regrette rien.

(1961)

1965-1983

J'ai rêvé que nous étions tous deux au paradis
(Un lion enlaçait un agneau),
Mais quelqu'un s'est penché vers moi,
M'a effleuré
Et doucement m'a dit :
— Lève-toi !
Ton train va partir,
Le bateau mugit,
L'avion vrombit,
Il est temps de te rendre dans l'espace nocturne,
Loin des ménageries célestes
(Où le lion enlaçait un agneau),
Il est temps que tu connaisses la glace
Et le feu.

(1965)

EXTRAIT D'UN POÈME SUR LE PASSÉ

Quelle journée d'été sèche, étouffante !
Quel poudroiement sur Pétersbourg !
On réparait la voie sur la Morskaïa.
Terrible chambard. La mère voulait un fils,
Le père n'en voulait pas, il voulait une fille.

Il était encore très tôt à Dublin,
Personne encore n'était levé dans la vieille maison
Pour gratter de la plume dans un coin.
A Vienne, déjà rassemblés, les étudiants
Criaient, se mouchaient, discutaient et fumaient.
Et dans la maison près de la rivière d'une autre capitale,
Hirsute, les yeux exorbités
Toute la journée fixés sur sa formule, l'homme
Préparant le siècle à des transformations
Auxquelles n'avaient osé rêver, ni mon cher Horace,
Ni les sages, ni les utopistes
Qui…
                                        Puisque cela fait déjà sept heures
Qu'on crie et hurle de douleur, alors mieux vaut
Que ce soit un garçon ! Jour et nuit la Morskaïa
Sentait le goudron qui bouillait dans les chaudrons,
Une odeur qu'à présent j'aime.

Je suis venue au monde en déchirant ma mère –
Monet peignait alors ses cathédrales
Et Mahler composait sa sixième –,
Je lui mordis le sein jusqu'au sang
Et pendant six semaines,
Dans la chaleur de Pétersbourg,

Je l'ai par mes cris empêchée de dormir.
Toutes les nuits elle pleurait
De fatigue, de douleur, de frayeur
A l'idée que je ne lui ressemblerais pas.
(Comme elle a eu raison !) Mon père,
De son côté, se réjouissait d'avoir été exaucé.
Il disait que si je criais,
C'était une avance que je prenais,
Et qu'après jamais plus je ne pleurerais.
(Et lui aussi il eut raison.)

Tous deux se targuèrent d'avoir vu juste
Jusqu'à leur mort, jusqu'au moment
Où, toujours au même endroit, dans le vieux Pétersbourg
(En cette glaciale année quarante-deux),
Par nuit noire, ils ont tous deux péri de froid.

(1967)

EXTRAIT D'UN POÈME SUR LE PRÉSENT

A nouveau, et pour la troisième fois en ce siècle,
La moitié du monde ne dort pas.
Elle attend. Prête l'oreille. Se tait.
Et tremble.
— Allons-nous nous dissoudre dans l'atmosphère ?
— Allons-nous nous effondrer avec fracas ?
(Avec les Mozart, les crépuscules, les aubes et les libertés.)
Bonnes gens, vous n'avez pas compris votre avenir,
Vous n'avez pas reconnu vos prophètes
Des années vingt, trente, quarante.
Ainsi personne n'est prêt !
Vous vous êtes endormis et personne ne vous réveillera,
Personne ne ressuscitera au son des trompes,
Personne n'aura la patience d'attendre jusqu'au bout,
Les cendres vont se disperser au vent,
Les cendres vont couvrir vos visages humains,
Elles vous devanceront, vous suivront,
Seront en vous et au-dessus de vous.

Mais où sont vos poètes ?
Ils attendent. Prêtent l'oreille.
Et tremblent.
N'appellent-ils pas les Huns ?
Ne saluent-ils pas les Barbares ?
On a dit que dans ce siècle, le plus long,
Nous manquions d'interjections.

(1973)

COMPTINE SUR LES OISEAUX

Le rossignol est sur la branche,
Le rossignol est dans la cage
(les enfants l'ont attrapé et l'y ont enfermé)

Dans mille ans –
On ne verra pas de différence.

L'hirondelle vole sous les nuages,
L'hirondelle est dans la fosse aux ordures
(elle y est tombée et s'y est étouffée)

Dans mille ans –
On ne verra pas de différence.

L'alouette file dans le ciel,
L'alouette est rôtie dans le pain
(et nappée de sauce à la crème)

Dans mille ans –
On ne verra pas de différence.

Le génie est dans la salle, sur l'estrade,
Le génie abat des arbres dans la forêt
(Staline l'y a envoyé, te souviens-tu ?)

Dans mille ans –
On ne verra pas de différence.

Nous aurons tous contribué
Et nous aurons survécu mille ans.

(1974)

AÉRIENNE HÉBÉ

1

Je renverse la coupe sonore,
Pleine au hasard de nuages et d'éclairs :
Que vos descendants s'en instruisent
(Moi, je n'ai pas eu cette chance).

Mieux vaut être une amie de Zeus
Que d'assister dans la foule au défilé.
Comme je n'ai pas approuvé Marx
Le samizdat ne m'approuvera pas.

Mon ami a refusé de se rendre
A l'invitation des dieux,
Il se serait déclaré malade
Et il n'a pas participé au banquet.

On ne m'y avait pas invitée,
Bien sûr, j'y suis allée,
Et là-bas, sur une couche de lis blancs,
J'ai voté, j'ai dormi.

J'ai compris là le merveilleux mystère
(Tonitruant secret)
Qui vous surprendra tant :
Pas d'immortalité. Pas d'immortalité.

(1975)

2

Soudain un appel d'affamé retentit,
Et j'ai grimpé sur les nuages,
Non pour nourrir un ange, ni un homme,
Mais l'aigle de Zeus.

Ce n'était pas le corbeau du poète,
Il ne tournoyait pas au-dessus de l'étang
Comme les hirondelles chez Fet
Et plus tard chez Khodassevitch.

Il ne tourmentait pas l'imagination,
Comme (chez moi) l'alouette,
Avec ses mouvements rasants,
Et ses yeux vides sans lumière.

Son cri pareil à des lamentations,
Et le frémissement d'une aile blessée,
Voilà tout ce qui reste du siècle de Tiouttchev
Chez cet aigle-là !

Ne cherchez pas à décrypter ces lignes,
Lisez-les. C'est à moi.
Inutile de mettre les points sur les *i*
De ces cris perçants.

(1975)

3

Le dimanche, dans l'école voisine,
J'apprends la langue des sourds-muets
Pour parler aux démons
Et les comprendre par force.

Je viens de subir l'examen. Je sors.
Un soleil minuscule dans l'azur.
J'aurais tant voulu connaître
Ce qu'annoncent les éclairs !

Et je serre les poings :
Les poings seront toujours utiles.
A quoi bon la langue des éclairs ?
Je connais celle des orages.

(1975)

4

Il m'a dit : Je ne peux pas,
Je recommence ma vie.
Assise par terre
Je ne le croyais pas, et n'ai rien objecté.

(1975)

5

Dans le bosquet, le duvet
vole léger vers le soleil.
Tu sais : la bardane pensante,
Elle se plaint, se plaint aussi !

Quand il n'y aura plus âme ni mer,
D'où viendra le chant de la mer ?
Le roseau centenaire, lui,
Sait ce qu'est soumission.

Celui qui a fine oreille
Entendra l'infime bruissement
Dans le ravin, entre mousse et bruyère
Car c'est là que gémit la bardane pensante.

(1975)

6

Les livres serrés dans un tiroir,
Les vêtements pliés dans la valise,
Les ombres bleues se sont fondues,
Je ne suis plus qu'une ombre parmi elles.

Je m'esquive en douceur
De la ligne rimée
Vers une liberté inconnue
En ce jour avant-dernier.

Sans doute n'emporterons-nous
D'ici que peu de choses.
Par pitié, n'en prenez pas la peine,
Tout est en moi, je suis dans tout.

(1975)

7

Les chameaux ont passé par le chas de l'aiguille,
Et sont en paix au paradis.
Toi et moi, qui sommes maintenant si loin,
Nous n'avons pas daigné y entrer.

Le loup a embrassé l'agneau
Et l'a bercé dans son étreinte.
Mais (quoi que tu dises)
Tu n'es pas jaloux de l'agneau.

Nous vivons comme on peut, couci-couça,
Dans une tour laissée à l'abandon,
A nous-mêmes abandonnés,
Il nous arrive parfois la nuit d'avoir peur.

(1975)

8

Ouvre, parle, dis,
Réponds, avoue, révèle,
Que la parole, pareille à la pierre d'une fronde
Lancée par une Victoire de Samothrace
Jaillisse de tes tréfonds et pénètre le monde.
Ne t'avise pas de te taire. Ni de garder le secret.

Aucune justification au silence.
Tel le peintre qui presse la couleur,
Maintenant toi, prosateur et poète,
Devant tous exprime tes larmes,
Libère toutes tes plaintes,
Informe l'univers.

Non pas dans une ode méticuleuse,
Mais dans le délire, les cris, la liberté,
De concert avec le tintamarre du monde !
Trouve les voies de ta libération !
Permets à d'autres de se rassasier
De ton mystère, jusqu'à satiété.
Ne t'avise pas de te taire. Ni de garder le secret.

(1978)

9

Me voici dans la fatale file d'attente.
— Camarade, tu restes ou tu passes ton chemin ?
— Que distribue-t-on : farine ou tricot de corps ?
— Je ne peux te répondre.
Mais j'ai entendu dire qu'on distribue de l'essence :
Tous ne seront pas enterrés, les élus seront brûlés.
— Il y a longtemps que tu attends ? Seule ? Où sont les gens ?
— Qu'est-ce que j'en sais ? Passe ton chemin, malotru !

(1979)

10

PREMIER MESSAGE A N. MORSHEN

Tu t'es enfui dans la nuit. Je me suis enfuie dans la nuit.
Tu pensais à la Lyre suspendue au-dessus des étoiles,
Tandis que moi je rêvais de Lear,
Le roi qui avait perdu la raison.

Aux confins de la terre,
Au milieu des trahisons suprêmes,
Entre deux immenses océans,
Nous avons sauvegardé quelque chose.

Il est bon que le Scorpion
Soit ton patron.
Mon Lion, lui, est bien pelé,
Mais couvert d'or et tout sonnant.

Je cède les innombrables et tristes vérités,
Je ne regrette pas Lucrèce*,
Mais j'aime l'Oncle Tom
Et suis prête à me pendre à son cou !

ENVOI**

(J'écris pour la raison que
Les exercices me sont utiles,
Et que rien n'est plus agréable
Que les relations américaines.)

(1975)

* Personnage des *Forces vives. (N.d.T.)*
** En français dans le texte. *(N.d.T.)*

11

SECOND MESSAGE A N. MORSHEN

Les végétariens, les puritains
Parmi nous vivent *ici et là*,
Espérantistes, joueurs d'échecs,
Tels des moucherons suspendus dans l'air.

Que cherchons-nous ? Qu'avez-vous à faire
De moi et moi de vous ?
Eh bien, allez-y dans ce monde,
Voilà une heure que je vous le répète.

Quelles strophes mémorables
Celles où vous dites qu'est bienheureux
Celui qui vint au monde au temps
Où il était encore intact – ou presque !

On me dit que c'est Tiouttchev,
Mais je crache sur les ennemis
Et, telle l'aérienne Hébé,
Je déverse sur vous la coupe de l'immortalité.

O délires rhétoriques
Et le vin du pied iambique !
Ainsi soit-il, vous êtes le dernier témoin
Et néanmoins un interlocuteur !

(1975)

Les petites vieilles nourrissent les oiseaux
Et caressent les chatons,
Mais les chatons ensuite
Traînent ces oiseaux par la queue.

Ne pleure pas sur ce monde
Mal coiffé mal lavé :
Il vaut mieux que d'autres –
Dont le climat est exécrable.

(1975)

DES PAPILLONS ET DES POISSONS

Si, des millions d'années plus tôt,
Vous étiez *Argema moenas*,
Je ne pouvais être alors que *Lemonias sudias*,
Dans les montagnes, ici,
Dans les soirs de juillet,
Dans les buissons de jasmin.

Mais si vous étiez *Dactylopterus volitans*,
J'étais sûrement alors *Platax melanosoma*,
Et me trouvais dans la mer chaude, près des rives, là,
Dans la mer émeraude, à l'heure sous-marine.

(1975)

A LA MÉMOIRE DE DERJAVINE

La vie, tel un tapis turc, tapis persan,
Tapis afghan, tapis noir de cafards,
Se déroule derrière moi.
Un prince et un mendiant le foulent en s'éloignant,
De même qu'un pêcheur, ou un oiseleur,
Celui qui parlait de Nietzsche,
Et celui qui le révérait en silence.

Et devant moi un autre tapis se déroule à l'horizon,
Rouge, velouté, somptueux.
Au-dessus, un dais majestueux est tendu,
Et de chaque côté
Deux géants en toque d'émeraude
Se tiennent, triomphants et miraculeux,
Une épée dans la main... Le tambour bat...
Devant la foule assemblée, la musique gronde
Et sur dix-huit boucliers
On porte, on porte, pour effrayer l'ennemi,
Les pages couvertes de mon écriture.

(1975)

TRADUIT DU BERBÈRE

1

Si tu es un roseau, je suis pêcheur et je m'accroche à toi,
Si tu es un crochet, au roseau je t'accroche,
Si tu es un poisson, je suis le crochet qui te prend,
Si tu es la mer, je suis la barque glissant sur toi,
Si tu es la pluie, je suis la terre qui te boit,
Si tu es le soleil, je suis le brouillard qui te dissimule,
Si tu es la lune, je suis le nuage qui te traverse,
Qui que tu sois, je me bats avec toi et te mets hors combat.

2

Allons, asseyons-nous comme deux léopards.
Allons, allongeons-nous comme deux lutteurs.
Allons, demeurons debout comme deux cigognes.
Allons, prenons notre envol comme deux aigles.
Allons, poussons des cris de plaisir.
Allons, gardons le silence dans le doute.
Allons, endormons-nous comme, après une averse,
Deux bambous s'endorment dans une moite étreinte.

(1976)

LE ZOO DE BERLIN

1

Deux cygnes, bec contre bec,
Dessinent une accolade,
Deux mains qui ne sont pas réunies par hasard
Répètent l'étreinte de deux lézards.

Mais il y a d'autres comparaisons encore
Où léopard et zèbre font allusion
Aux taches d'or de notre vie, au silence,
A la tristesse des croisées de chemins oubliés.

(Berlin, juin 1977)

2

Au zoo,
Jardin tragique,
Une personne sur deux boite en s'appuyant sur une canne,
Une personne sur cinq se trouve dans un fauteuil roulant
Et chantonne une chansonnette allemande :

"Petites roues, vous roulez sur les sentiers,
Il y a longtemps que j'ai dit adieu à mes petites jambes,
Depuis que j'étais allongé sous l'Aigle
Dans la congère bleue,
Il y a de cela trente-trois ans.

Mon nom est Ilya Mourometz,
Mes prothèses sont américaines,
Ma mâchoire – suisse,
Mon appareil auditif – français,
Et mon œil de verre – anglais.

Mais ma mémoire est russe :
Une congère bleue,
Et même une botte étrangère,
Mais Dieu fut miséricordieux :
Pas sur la tempe, la botte, sur le front."

(Berlin, 1977)

3

Un visage sans nez,
Telle est une nation sans capitale.
Ne posez pas de question,
La réponse n'a pas été prévue.

Un-deux-trois
Mouche-toi le nez !

On bombarda longtemps, mais
Pour que ce fût convenable
Et symétrique,
Un immeuble sur cent fut épargné.

Il est debout – noir, traversé de courants d'air,
A l'intérieur il fait humide et sombre,
Tout autour sont des cubes
Roses et bleu ciel.

Un autre a perdu son balcon,
Il ne reste que le genou d'une cariatide.
— Dites, a-t-on enlevé le cartilage ?
— Pourquoi la bouche a-t-elle été cousue de travers ?

Morgen früh
Mouche-toi le nez.
Les deux narines ont été emportées !

(1977)

4

Les soldats allemands revenaient des camps russes,
Se dirigeant vers le pays de Schiller et de Goethe.
Visages barbus, visages rudes.
Et chaud, l'été.

A certains – la parade,
A d'autres – Stalingrad,
A d'autres encore – une balle dans la poitrine.

Vas-y, ressuscite, comme a ressuscité ton Dieu,
Ou bien brise-toi telle une vieille cruche.
C'est le début d'une chanson.
La fin d'un quatrième printemps.
Il est temps pour toi de vivre comme tous :
Et voir Paris en songe.

Pour les uns – c'est Paris,
Pour d'autres – Kamen-Davish,
Pour d'autres encore – une capote en lambeaux,
Le quatrième – est revenu,
Le cinquième – ne prise pas la vie
Avec sa poitrine éclatée.

Pour les uns – c'est Paris,
Pour d'autres – c'est Stalingrad,
Pour d'autres encore – Schiller et Goethe.

(1977)

A Sacha Sokolov

Un gamin s'est perdu en Amérique,
Et pourtant il avait tant voulu y aller !
Il était si mince, si blanc,
Il ne savait ni boire, ni mentir.

Me direz-vous, bonnes gens,
Où le retrouver, oui, où ?
Les papiers étaient en règle,
Il a dit qu'il volerait vers Chicago.

Mais Chicago, c'est gigantesque,
Aurait-il oublié la petite adresse ?
Se serait-il brisé une côte dans une rixe
Et le pigeon serait-il dans un hôpital ?

Et si, pour une bagarre nocturne,
Il était maintenant passible d'une peine ?
La prison, c'est l'affaire de tous,
Et après, on vous jette à la casse.

Où le trouver, bonnes gens ?
Son passeport avait été prolongé,
Il avait vécu chez nous, incognito.
Son prénom était – Vladlen.

(1977)

LES ARCHIVES HOOVER, CALIFORNIE

De feuillets jaunis est remonté le passé d'une vie
Qui s'éloignait dans l'ombre, murmurant, sanglotant.
Tu avais été journalier, mercenaire et esclave,
Et je t'avais suivi, jeune et confiante.

On t'a écrasé. L'architecture de tes os fut brisée,
La dentelle de tes veines déchirée, puis, ayant rassemblé
Ce qu'on pouvait de tes pauvres restes, on les a déposés
Dans un léger cercueil sous une tendre mousse.

Avant de s'éloigner, ces ombres me caressent,
Se jettent encore et encore sur ma poitrine et à mon cou,
Elles m'étreignent, me priant de retrouver le jour enfui.
Je ne sais que répondre, je ne sais comment les consoler.

(1978)

VENISE

Que doivent faire tes fils
Si moi, voyageur, je te pleure ?

BYRON

Elle était blanche et dorée,
Me semblait éternelle, une perle,
Et maintenant, elle est gris-noir
Et ses marbres exhibent leurs fissures.

Sa chair est mutilée. Sa stature brisée.
Les mosaïques de San Marco rompues.
Il ne reste que Florian où l'on sert du citron
Avec la glace lorsqu'il fait chaud.

Je flânais dans les rues. Que d'endroits
Où j'avais vécu. Je ne les ai pas oubliés.
L'un est muré, l'autre a disparu,
Et sur le troisième, une croix : c'est une tombe.

Soudain, les cloches se mettent à sonner,
Les pigeons s'envolent avec bruit par-dessus nos têtes.
Personne n'a descendu le perron doré
Dans la mémoire nacrée, blanche, éternelle.

(1983)

Aigles et papillons (et quelques autres espèces)
Sont encore vivants. Laissons-les en paix.
Les nuages non plus, ne les dérangeons pas.
Qu'ils soient, comme toi et moi, parapluies sous la pluie.
Car si l'on casse tout, il n'y aura plus rien.
De toute façon, dedans, les gens ont tant cassé déjà.

(1983)

EXTRAIT DE *BYRON*

Tout était évident dans la lumière du jour,
Il y avait l'amour.
J'ai maintenant un secret :
Point n'est besoin de paroles.
Cette vie fut un torrent,
Elle n'est plus qu'un ruisselet,
Dans le silence de la nuit
Le jardin silencieux lui prête l'oreille.

A qui mieux mieux, tous deux,
Nous murmurons dans la nuit.

Le ruisselet murmure : Tais-toi,
Cesse de te parler.
Alors je me tais. Point n'est besoin de paroles
Et il n'y a pas de mots.
Yet though I cannot be loved
Still let me love.

(1983)

DIALOGUE *ANTE MORTEM*

— Il t'arriva d'avoir l'intention
Avec un salut de rendre ton billet à Dieu.
Laisse-nous l'emporter en voyage,
Il pourra nous faciliter la route.

— S'il est vrai qu'Auschwitz a existé,
Et aussi le Goulag, Hiroshima,
Tu ne peux dire : Passons notre chemin !
Tu ne peux dire : J'ai tout oublié !
Ne biaise pas : *tu y étais !*

— Or voilà que nous passons invisibles
Devant le guichet, juste devant
La caisse où se trouve le secret.

— Là, personne à qui rendre notre billet.

(1983)

TABLE

P. 44 (Maurlavi ?)

OUVRAGE RÉALISÉ
PAR L'ATELIER GRAPHIQUE ACTES SUD
REPRODUIT ET ACHEVÉ D'IMPRIMER
EN FÉVRIER 1998
PAR L'IMPRIMERIE FLOCH
A MAYENNE
SUR PAPIER DES
PAPETERIES DE JEAND'HEURS
POUR LE COMPTE DES ÉDITIONS
ACTES SUD
LE MÉJAN
PLACE NINA-BERBEROVA
13200 ARLES

DÉPÔT LÉGAL
1re ÉDITION : MARS 1998
N° impr. : 43192
(Imprimé en France)